AF493811

L'EMPIRE ET L'ANGLETERRE.

CHAPITRE PREMIER.

AVANT LA GUERRE.

J'ai publié, dans les premiers mois de cette année, des dialogues politiques sur le *Second Empire* (1).

J'ai étudié la politique extérieure de la France, telle qu'elle est sortie, par diverses transformations successives, de la guerre d'Orient, de l'alliance occidentale, du Congrès de Paris et de l'alliance sarde dont la guerre d'Italie contre l'Autriche était la condition.

Cette guerre n'était pas déclarée. L'Autriche n'avait pas envoyé au Piémont l'*ultimatum* qui en fut le signal, et une partie de l'Europe s'obstinait à n'y pas croire. Les espérances pacifiques étaient entretenues par le succès attribué à la mission de lord Cowley, et par la réunion prochaine d'un Congrès annoncé pour sanctionner les résultats de cette mission. L'Angleterre proclamait hautement et fièrement le principe conservateur *de la foi due aux traités;* l'Allemagne toute entière semblait décidée, à s'unir à l'Angleterre pour défendre l'équilibre et le *statu quo* européen.

Cette attitude des Puissances et les manifestations de l'opinion partout hostile à une guerre dont elle ne com-

(1) 1 volume in-12, chez H. Goemaere, à Bruxelles.

prenait ni la cause ni le but, paraissaient de puissantes garanties du maintien de la paix générale.

Ces espérances pacifiques, je ne les partageais pas; ce congrès, je croyais pouvoir prédire qu'il serait dissous avant d'être ouvert. En étudiant la situation en elle-même et dans son fond, sans me laisser distraire par les incidents de surface, par les prétextes soulevés et les piéges tendus, j'arrivais à ces trois conclusions:

La guerre est inévitable;

Cette guerre sera fatalement révolutionnaire; elle pourra donner la gloire, mais les résultats politiques seront nuls ou désastreux;

Elle laissera l'Italie dans une position pire que la veille, l'Europe de 1815 en pleine dissolution, les Puissances divisées, le cahos européen formé au seul profit de la révolution; cette guerre tôt ou tard deviendra générale.

Je disais:

« L'alliance avec le Piémont, c'est la menace d'une guerre
« générale et révolutionnaire. On consomme la rupture
« avec l'Autriche. On prépare avec Rome une rupture, qui
« n'a jamais profité à personne. On alarme l'Europe qu'on
« avait rassurée; on inquiète les intérêts conservateurs
« et religieux qu'on avait accepté la mission de défendre.

« L'allié de la France en Italie, ce n'est plus même le
« Piémont, c'est la Révolution. Cet allié est difficile à satis-
« faire; il rend impossible la paix qu'on a intérêt et qu'on
« a peut-être la volonté de conserver; il rend périlleuse la
« guerre qu'il provoque et qu'il exige; il empoisonnera la
« victoire aussi bien que la défaite.

« Les grandes guerres se jugent par les grands résultats;
« elles donnent des conclusions dignes d'elles. La guerre

« d'Orient a été sans doute une guerre importante ; mais « les résultats politiques en ont été nuls et l'impuissance « seule est sortie de ce grand effort. Le traité de Paris « n'est pas une solution. Il a laissé suspendues toutes les « questions soulevées, et il en a suscité d'autres pleines « d'orages, comme la question italienne.....

« Tenez pour certain qu'on apportera dans la question « italienne que l'on soulève, la même impuissance qu'on a « montrée à terminer la guerre d'Orient. On la remuera « pour la compromettre, pour la perdre peut-être ; on ne « résoudra rien.

« La diplomatie, quoi qu'elle tente et qu'elle fasse, lais- « sera le lendemain la situation plus mauvaise que la « veille, les puissances plus divisées, l'Italie plus troublée, « les princes italiens sans indépendance, humiliés et dés- « armés (j'aurais dû dire chassés), le Souverain Pontife mis « au ban de l'Europe, à l'égal du Sultan, la papauté affai- « blie, compromise avec l'Europe chrétienne toute en- « tière,... tout le monde abaissé, et la démagogie euro- « péenne ayant repris en quelques mois toutes les forces « qu'elle avait perdues depuis dix années...

« L'intérêt de la France n'est pas, nous l'avons prouvé, de « voir l'Autriche exclue de l'Italie, de voir un grand royaume « se former aux portes de la France et tenir les clefs des Al- « pes. L'agrandissement de la Sardaigne, l'alliée actuelle de « l'Empire, peut sourire à Napoléon III ; mais les alliances « sont éphémères ; le Piémont a été l'allié séculaire de « l'Autriche : sera-t-il l'allié séculaire de la France? Lais- « ser créer un état de premier ordre aux pieds des « Alpes, comme on a permis à Frédéric II de créer aux « bords du Rhin une Prusse dont le premier empire a pu

« peser la puissance à Waterloo, est-ce pour la France
« une force ou un danger?...

« Au lieu de vouloir exclure l'Autriche de l'Italie, on au-
« rait dû s'allier à elle. Au lieu d'attaquer son influence,
« il fallait la partager, fonder le double protectorat des
« deux grandes puissances catholiques dans la Péninsule,
« travailler ensemble, et de concert avec les Princes ita-
« liens, aux améliorations, aux réformes à introduire et à
« étendre. Il fallait surtout éteindre le foyer de la dé-
« magogie qu'on y entretient, et fortifier les pouvoirs trop
« faibles pour résister et pour agir. On devait suivre en
« Italie une politique de gouvernement, et ne pas y en-
« courager la politique que Mr Guizot a si bien nommée
« *la politique du chaos.*

« L'alliance avec l'Autriche en Italie pour la pacification
« et le progrès de l'Italie elle-même, est la meilleure poli-
« tique à suivre; la rupture avec Rome est la faute capitale
« à éviter.

« Affaiblir l'Autriche, c'est affaiblir l'Europe conserva-
« trice; affaiblir la Papauté, c'est affaiblir l'Europe chré-
« tienne toute entière...

« Les Gouvernements croient échapper à la Révolution
« en lui livrant l'Eglise et la Papauté, et nourrissent le fol
« espoir de garder la place, en abandonnant les fortifications
« et les murs...

« L'*Unité italienne* est un rêve et une arme de destruc-
« tion aux mains du parti révolutionnaire. On lui substitue
« l'*Union fédérale.* Est-elle possible? Peut-être; mais à
« coup sûr, ce n'est pas dans les conditions qu'on ima-
« gine... Si une confédération peut exister en Italie, c'est
« avec l'Autriche. Avec l'Autriche, la France peut beaucoup

« tenter en Italie ; sans l'Autriche, elle n'y trouvera, comme « alliée, que la Révolution.

« Il faut à une grande union fédérale une tête et un « bras, et cette tête et ce bras qui, dans la pensée du « Congrès de Vienne, étaient l'Autriche, pourraient être la « France à côté de l'Autriche, si la France le voulait. « L'Italie catholique grandirait ainsi, sous le protectorat « des deux grandes puissances catholiques et conserva- « trices de l'Europe ; la Révolution, ce chancre qui ronge les « entrailles de l'Italie depuis cinquante ans, serait définiti- « vement vaincue ; les intrigues des lords Minto y devien- « draient impossibles ; la Papauté et l'Église en recevraient « une force immense ; une cause de perturbation euro- « péenne serait enlevée ; l'Italie serait pacifiée, l'Europe « rassurée, l'Autriche raffermie, la France prépondérante...

« Que la France penche vers l'Angleterre ou vers la « Russie, elle a besoin de l'Autriche pour ne pas être à « la merci de ces deux puissances. Sans l'Autriche, la « France, toujours menacée d'isolement et d'abandon, se « trouve à la suite des alliances ; avec l'Autriche, elle les « domine...

« Il fallait ne pas laisser tomber sans résultat la question « d'Orient, si riche d'avenir, pour soulever prématurément « la question italienne dans des conditions telles, que la « révolution ou la guerre doit nécessairement en sortir. « L'Indépendance de l'Italie ne pourrait être achetée que « par des compensations accordées à l'Autriche sur le Da- « nube, si toutefois l'on croit possible de faire sortir cette « indépendance de l'action de la diplomatie et de la paix. « Ne pouvait-on pas et ne pourra-t-on plus rattacher la « question italienne à la question d'Orient et proposer à

« l'Autriche, sur le Danube, de larges compensations à de
« faciles sacrifices?

« Napoléon III, s'il ne brise pas avec énergie les liens
« dans lesquels le Piémont l'enlace, va se trouver enfermé
« dans le dilemme d'une paix humiliée, d'un abaissement
« politique, ou d'une guerre générale et téméraire contre
« l'Europe coalisée.

« Hier, c'était la Russie qu'on voulait amoindrir, c'est
« aujourd'hui l'Autriche qu'on veut abaisser; c'était la
« Papauté qu'on protégeait, c'est la Papauté qu'on menace;
« c'était la paix que l'on proclamait, c'est la guerre que l'on
« souffle; c'était la révolution qu'on voulait écraser, c'est
« la révolution que l'on ménage et dont on encourage
« toutes les espérances; c'est l'ordre européen qu'on avait
« mission de rétablir, c'est le chaos européen que l'on
« crée.

« *Le futur empereur*, me disait le Prince de Metternich
« en 1850, *a de belles cartes entre les mains; il joue bien son*
« *jeu; d'heureuses chances s'ouvrent devant lui; il est habile*
« *et heureux; il ira très-loin, mais il a un écueil à éviter*
« *sur lequel il pourra se briser. Je crains qu'il ne périsse*
« *comme empereur révolutionnaire, le jour où il séparera en*
« *Italie sa politique de la politique de l'Autriche et de l'Eu-*
« *rope.* »

J'écrivais ceci, le 15 avril 1859, au seuil de la guerre. Trois mois plus tard, après une campagne rapide et semée de brillantes victoires, Napoléon III s'arrêtait au Mincio, en face de Vérone et de l'Adriatique, ou plutôt en face de la Révolution menaçante et de la guerre générale prête à éclater. Il signait avec l'empereur François-Joseph la paix de Villafranca, étonnant le monde politique par cette paix inattendue, comme il l'avait déconcerté par cette guerre imprévue et soudaine.

Voici comment Napoléon III, dans son discours au corps législatif, justifiait cette guerre et expliquait cette paix :

« Lorsque, après une heureuse campagne de deux mois,
« les armées française et sarde arrivèrent sous les murs de
« Vérone, la lutte allait inévitablement changer de nature,
« tant sous le rapport militaire que sous le rapport politi-
« que. En commençant la longue et stérile guerre de sié-
« ges, je trouvais l'Europe en armes, prête, soit à disputer
« nos succès, soit à aggraver nos revers. Il fallait se résou-
« dre à briser les entraves apposées par les territoires
« neutres, et alors accepter la lutte sur le Rhin comme sur
« l'Adige. Il fallait partout franchement se fortifier du
« concours de la Révolution... Les moyens eussent été hors
« de proportion avec les résultats à attendre... Pour servir
« l'indépendance italienne, j'ai fait la guerre contre le gré
« de l'Europe; dès que les destinées de mon pays ont pu
« être en péril, j'ai fait la paix. »

Ces paroles remarquables pourraient servir d'épigraphe au livre que j'ai publié. Je ne les rappelle pas pour m'en prévaloir au profit de mon amour-propre, mais parce qu'elles servent de point de départ à une phase nouvelle et déjà disparue de cette situation mobile, grave et pleine d'obscurité, que la guerre d'Italie a créée.

L'Empereur a donc hautement reconnu que s'il faisait un pas de plus dans la voie où la politique du Piémont l'entraînait, la guerre devenait tout à la fois révolutionnaire et générale. Il a vu clairement que pour ne pas être poussé au delà de son programme politique, il devait s'arrêter, au risque de laisser inachevée la réalisation de son programme militaire. A une guerre qui allait devenir révolutionnaire, il donna, ou du moins voulut donner une conclusion conservatrice.

Je ne descendrai pas à l'injure de penser et de dire que cette paix manquait de sincérité; que l'Empereur trompait moins l'Italie en terminant la guerre, qu'il ne trompait l'Autriche en faisant la paix; qu'il a reculé à Vérone plutôt en face des périls militaires et des menaces politiques, que devant cet appui de la Révolution qu'il a feint de répudier un moment, mais dont il se promettait de se servir plus tard pour ses desseins; qu'il a consenti à laisser déchirer par le Piémont cette paix déplorablement livrée aux conspirations intérieures et aux intrigues étrangères; qu'il était décidé d'avance à faire du sacrifice de la Papauté le gage de sa réconciliation avec l'Angleterre, à laisser s'accomplir partout, à Parme, à Modène, à Florence et à Bologne, sous l'hypocrite abri de la non-intervention, des faits qui devaient donner un démenti à toutes les promesses impériales de Villafranca et de Zurich.

Je crois peu à ces habiletés et à ces ruses qui trompent souvent ceux qui s'en servent et blessent toujours la main qui les emploie. Je pense que l'on a été sincère à Villafranca, mais qu'on a mal apprécié la force d'impulsion des événements qu'on avait lancés sur une pente rapide, et qu'on a trop compté sur sa propre puissance pour les arrêter. Ces événements pouvaient difficilement être arrêtés ; j'avais prédit avant la guerre qu'ils ne le seraient pas; peut-être une volonté ferme et décidée pouvait-elle encore les conjurer; peut-être les difficultés immenses imprudemment soulevées pouvaient-elles encore être vaincues, mais il eût fallu que Napoléon III eût mis à réaliser, à imposer la paix, toute la persistance, toute la puissante énergie qu'il a déployée à conduire la guerre. —

CHAPITRE II.

PAIX DE VILLAFRANCA. — CE QU'ELLE POUVAIT ÊTRE. — CE QU'ELLE EST DEVENUE.

C'est ici que se laisse apercevoir une grande faute, d'où sont nées les complications actuelles. Voyons ce que la paix de Villafranca pouvait être, ce que Napoléon III voulait, je pense, qu'elle fût, et ce qu'en effet elle est devenue.

Ce que l'Empereur voulait, avant la guerre, et ce qu'il déclarait vouloir en la terminant, c'était d'abord l'indépendance de l'Italie dans des conditions possibles: l'Autriche derrière le Mincio, puisqu'on n'avait pu la rejeter au-delà de l'Adige et de l'Adriatique; la Sardaigne à Milan. Mais cette indépendance ne devait pas être l'expulsion révolutionnaire des Princes italiens et l'abaissement plus révolutionnaire encore du chef de la Catholicité.

La restauration des Princes italiens et l'intégrité des Etats de l'Eglise, étaient donc les deux conditions qui devaient empêcher l'indépendance italienne de devenir un instrument d'ambition aux mains du Piémont, une arme aux mains de l'Angleterre, une ressource aux mains de la Révolution.

La Sardaigne devait être agrandie, assez pour être une force au profit de l'Italie, pas assez pour être une menace contre la France et contre l'Europe; elle ne pouvait pas devenir la Prusse du Midi, en apportant le poids d'une sixième grande puissance dans la balance européenne dont l'équilibre aurait été ainsi manifestement rompu.

Rome, Naples et les Duchés formaient des contrepoids suffisants au royaume Lombardo-Sarde, et résistaient ainsi à une prépondérance dangereuse pour les nationalités et pour la liberté même de l'Italie.

La confédération italienne ruinait *l'Unité* que la révolution aurait laissé constituer d'abord au profit du Piémont, pour la revendiquer bientôt en son nom; car l'Unité, qu'on le sache bien, ce n'est pas Victor-Emmanuel, c'est Mazzini.

En plaçant la Papauté au sommet de cette confédération, c'était soustraire l'Italie aux deux plus grands dangers qui la menacent: l'influence protestante de l'Angleterre et l'action des sociétés secrètes; c'était lui conserver le caractère catholique, c'est-à-dire, maintenir l'influence de la France.

Napoléon III voulait affaiblir l'Autriche en Italie, mais il ne voulait pas son affaiblissement en Europe. Il importe à la politique française que l'Autriche reste forte, parce que « son existence, selon le mot de Talleyrand, est indispensable, dans sa masse, au salut des nations civilisées; » parce que l'Autriche peut être opposée comme une barrière puissante, tantôt à la Russie en Orient, tantôt à l'Angleterre dans l'Adriatique, en Italie et dans la Méditerranée, tantôt à la

Prusse en Allemagne. Je ne puis assez le redire, et je voudrais que cette vérité figurât parmi les axiômes de la politique française: « la France, qu'elle penche vers l'Angleterre « ou vers la Russie, a besoin de l'Autriche pour ne pas être « à la merci de ces deux Puissances prépondérantes; sans « l'Autriche, la France, toujours menacée d'isolement et « d'abandon, se trouve à la suite des alliances; avec « l'Autriche, elle les domine. »

L'Empereur l'avait parfaitement compris à Villafranca. Il avait voulu associer l'Autriche à ses plans de régénération de l'Italie. L'Autriche cessait d'être un danger pour l'Italie; elle devenait une protection et pouvait au besoin servir de menace armée contre les menées de la révolution italienne, contre la recrudescence de l'ambition piémontaise, et contre les intrigues de lord Palmerston.

Mais en laissant ainsi l'Autriche en Italie, en l'appelant à faire partie de la confédération italienne, ne fallait-il pas que la France y restât ou plutôt y entrât? Elle ne peut pas occuper éternellement Rome, et Turin n'est pas un allié sûr. Napoléon III pouvait y entrer peut-être par la Savoie et Nice, si les vœux réels des populations l'avaient appelé. Mais pour cela, il eût fallu ne pas commettre la faute de reprendre contre Rome la politique de Mr de Cavour, l'une des causes qui détachent la Savoie catholique du Piémont révolutionnaire.

Cette position était magnifique, surtout en vue des événements qui s'amassent du côté de la Méditerranée et de l'Orient et qui éclateront tôt ou tard. L'Autriche, alliée de la France, surveillait les contrées danubiennes du haut des remparts de Vérone et de Venise ; la France, protectrice de l'Italie, influente à Rome, prépondérante à Turin et à Milan, tenant à Chamberry une des clefs des Alpes, s'ouvrant à Nice un nouveau port dans la Méditerranée, maîtresse à Alger, donnant à l'Espagne ramenée à son alliance, une place à côté d'elle sur les rives du Maroc, la France devenait la dominatrice de la Méditerranée et prenait une position formidable dans les nouvelles luttes de l'Orient.

Telle est la pensée que j'ai prêtée à l'Empereur, le jour où j'ai lu les préliminaires de la paix de Villafranca, et je suis convaincu que cette pensée était alors la sienne. Il en avait une autre : il comptait sur l'alliance russe conclue au Congrès de Paris et confirmée plus tard à Stuttgardt; il s'est cru assez fort, en signant la paix avec l'Autriche, pour réconcilier celle-ci avec la Russie, fonder l'alliance des trois empires, diviser et dissoudre la confédération germanique, et isoler la Prusse impuissante dans cette confédération ; isoler l'Angleterre à son tour, et pouvoir à son gré et à son heure, porter la guerre prochaine sur les côtes de la Grande-Bretagne, en Orient ou sur le Rhin.

Nous verrons plus loin comment il s'est trompé; comment la haine de la Cour de Russie contre l'Autriche, l'habileté diplomatique de l'Angleterre et la trahison de la révolution italienne, qu'il croyait tenir et qui s'est retournée contre lui, comment cette haine, cette habileté et cette trahison coalisées, ont déjoué tous ses calculs et l'ont acculé dans une impasse politique; comment, au lieu de l'isolement de la Prusse en Allemagne et de l'isolement de l'Angleterre en Europe, un autre résultat, sorti de l'entrevue de Breslau entre le Czar et le Régent de Prusse, allait se produire au Congrès de Paris, et ce résultat eût été l'isolement de la France.

Mais n'anticipons pas. Le programme politique de Villafranca était une grande pensée; mais pour l'accomplir, l'Empereur n'avait qu'une heure qu'il ne pouvait laisser échapper sans tout compromettre. Il avait promis à l'Italie l'indépendance et il la lui donnait dans les conditions possibles, après y avoir sacrifié cinquante mille hommes et trois cents millions. Il avait promis à l'Europe qu'en défendant la cause de l'indépendance italienne, il ne soutiendrait pas la cause de la Révolution, et il s'arrêtait au Mincio pour rester fidèle à cette promesse. Il avait accordé à l'Autriche son concours loyal et ferme pour rétablir les Princes italiens et empêcher l'absorption des nationalités italiennes par la domination du Piémont. Il donna la solennelle garantie à la France et au monde catholique que la Papauté serait respectée et rehaussée, et l'intégrité des Etats-Romains conservée.

Mais l'Angleterre et le Piémont lui arrachèrent une quatrième promesse qui devait détruire toutes les autres: *la non-intervention*. C'est cette faute qui enfanta toutes les hésitations, toutes les contradictions dans lesquelles trébuche la politique impériale, et qui prépare le résultat désastreux auquel on va aboutir.

La non-intervention, je la comprenais, je la conseillais avant la guerre. « Il faut, disais-je, ne pas mettre la politi-
« que de l'empire à la suite de la politique du Piémont dont
« le principe est la guerre à l'Autriche et la guerre à Rome,
« à l'intérêt conservateur et à l'intérêt catholique en Ita-
« lie...Il faut retirer à l'Italie et au Piémont révolution-
« naire, les espérances qu'on leur a imprudemment jetées;
« il faut leur laisser la responsabilité de leur politique et
« leur renvoyer le mot de 1847: *Italia fara da se.* »

Napoléon III ne l'a pas voulu, il est intervenu. Il l'a fait *contre le gré de l'Europe*, selon son aveu, et sans ignorer les périls auxquels il courait; il l'a fait pour remplir ses engagements envers le Piémont et l'Italie.

Mais s'il est intervenu pour rester fidèle à la promesse donnée à l'Italie, pourquoi a-t-il renoncé au droit d'intervenir pour assurer les conditions de la paix qu'il venait de signer, pour rester fidèle aux solennelles promesses qu'il faisait à l'Autriche, à l'Europe, à la France, et au monde catholique? Pourquoi admettre sans hésiter ce principe d'intervention pour réaliser la partie révolutionnaire de son programme, l'expulsion de l'Autriche, et abandonner ce principe, l'abdiquer aux mains du Piémont et de l'Angleterre, le jour où l'on en avait besoin pour réaliser la partie européenne, conservatrice et religieuse de ce programme signé à Villafranca?

Cette non-intervention qu'il promettait au Piémont et à l'Angleterre, il avait du moins le devoir de la leur faire promettre à son tour. Il pouvait exiger que les Italiens fussent livrés à eux-mêmes *en toute vérité*. Il devait briser avec la forte épée de Solferino toutes les mailles de ce réseau révolutionnaire, dont le Piémont avait enveloppé l'Italie centrale. En n'intervenant pas, il avait le droit d'interdire à l'Angleterre d'intervenir elle-même, par l'intermédiaire du Piémont, le fourrier de lord Palmerston en Italie, et d'exiger le départ des commissaires, des triumvirs et des dictateurs piémontais entrés à Parme, à Modène, à Florence et à Bologne, par les brèches qu'avaient faites les canons de la France. Pour rester loyal et neutre, il devait forcer ces dictateurs entourés de soldats piémontais, à abandonner ces positions qu'il voulait rendre aux princes dépossédés. Il fallait ordonner que les troupes piémontaises rentrassent dans leurs limites, comme les troupes autrichiennes étaient renfermées dans les leurs, que toutes les intrigues et les conspirations cessassent, et que les populations rendues à leur liberté, fussent consultées, non pas à l'aide d'un suffrage restreint et hypocrite imposé par les dictateurs et surveillé par le poignard des *ventes,* mais à l'aide du suffrage universel loyalement pratiqué. Si, le lendemain de ses belles victoires, quand le sang français, versé dans les plaines de la Lombardie n'était pas encore séché, quand il donnait au Piémont ce magnifique royaume du Nord de l'Italie auquel la maison de Savoie aspire depuis 1814 et qu'elle n'osait plus espérer, quand il était là, à la tête de ses cent cinquante mille hommes et couronné de son prestige et de sa gloire, si Napoléon III avait imposé à son allié Victor-Emmanuel cette paix qu'il venait de signer avec l'Autriche et pour laquelle il engageait l'honneur de sa parole impériale envers l'Europe, s'il avait exigé, comme il en avait le droit et le devoir, le loyal concours de la Sardaigne pour l'accomplir; si, comme je le disais tout à l'heure, il avait mis à réaliser la paix toute la persistante volonté et toute la puissante énergie qu'il avait déployée à conduire la guerre; il eût certainement fait accepter cette paix, il eût rempli à la fois ses promesses faites à l'Europe et à la Chrétienté, ses promesses faites à l'Italie, et il n'eût pas eu à subir le plus déplorable échec politique, après avoir conquis le plus beau succès militaire.

CHAPITRE III.

SITUATION EXTÉRIEURE.

Ce mot échec politique paraîtra dur. Je ne le prononce pas pour blesser, mais au contraire comme un regret et un conseil. Je signale la faute dans l'espoir que l'Empereur trouvera, dans les ressources de son habileté et de sa fortune, les moyens de la réparer.

Napoléon III avait vaincu l'Autriche sur les champs de bataille de l'Italie; il rencontra l'Angleterre sur les champs de la diplomatie, et il faut reconnaître que dans cette lutte politique, le vaincu n'est pas l'Angleterre.

Je dois m'arrêter un moment ici, pour apprécier la politique suivie par l'Angleterre, depuis la mission de lord Cowley, avant la guerre, jusqu'aujourd'hui ; si j'ai à constater le triomphe de la politique anglaise, auquel nous assistons, je dois rappeler les fautes qui ont précédé ce triomphe, flétrir les moyens employés pour l'obtenir et prévoir les représailles que cette politique peut-être ne tardera pas à provoquer.

La guerre n'était pas déclarée, mais on l'entendait venir; Lord Derby avait mis dans la bouche de la Reine la haute proclamation du principe européen: *la foi due aux traités;* il avait dénoncé « cette guerre comme devant avoir des « conséquences désastreuses, développer la plus violente « passion et embraser bientôt l'Europe entière dans une « conflagration générale. »

Cette politique était vraie, bonne, supérieure au mouvement de l'opinion publique en Angleterre, à laquelle le cabinet Tory eut le tort de céder. C'est l'honneur de lord Derby d'avoir hautement proclamé ce principe du droit public européen que les puissances elles-mêmes, l'Angleterre à leur tête, sacrifient et abandonnent honteusement aujourd'hui dans la question Romaine. Mais il n'employa pas à pratiquer cette politique l'énergie qu'il mit à la proclamer. Cette guerre qu'il déplorait et dont il prévoyait les funestes suites pour l'Europe, il pouvait l'empêcher; il ne le fit pas, et ce sera la faute que lui reprochera l'histoire.

Il pouvait l'empêcher : la mission de lord Cowley allait réussir; le cabinet anglais l'a déclaré lui-même à la tribune. Les conditions de l'entente à rétablir entre la France et l'Autriche, étaient acceptées à Vienne, elles allaient l'être à Paris. Napoléon III ne pouvait pas les refuser ; il avait en ce moment, on s'en souvient, l'Europe entière et l'opinion contre lui : en Angleterre, les Torys et les Wighs étaient d'accord pour condamner la guerre et pour vouloir le maintien de l'Europe des traités; l'Allemagne coalisée se regardait comme menacée, à Vienne, à Francfort et à Berlin, et le patriotisme de 1813 se réveillait partout ; l'opinion en France, *des régions infimes où se débattent les intérêts vulgaires,* jusqu'aux conseils de la couronne, l'opinion se prononçait avec force contre une guerre dont elle ne comprenait pas les avantages et dont elle pressentait les périls ; le *Times* pouvait donc dire, à cette époque, avec vérité, *que toutes les nations,* et *tous les partis dans chaque nation, étaient les alliés de l'Autriche.*

La France ne pouvait donc pas refuser les conditions pacifiques proposées par l'Angleterre et la Prusse, et acceptées par l'Autriche. Comment cette situation a-t-elle été brisée? On se le rappelle : la Russie, par initiative ou par conseil, jeta en travers de la mission de lord Cowley la proposition d'un Congrès.

Le Cabinet Tory, au lieu de déclarer cette proposition tardive, de garder la direction d'une négociation terminée et dont il tenait le succès, commit l'impardonnable faute d'abandonner cette direction à la Russie ou plutôt à la France. Il laissa tomber le projet dont lord Cowley était porteur à Paris, et accepta sans résistance, la proposition d'un Congrès destinée à tout remettre en question et à rendre inévitable une guerre préparée et voulue, mais qui allait échapper manifestement à ceux qui croyaient en avoir besoin.

Je regrette d'avoir ce reproche à adresser à l'homme d'État le plus éminent de l'Angleterre et pour le caractère et le mérite duquel je professe la plus sincère sympathie. Je sais aussi qu'il trouve l'excuse de cette faute dans l'état fâcheux des partis parlementaires, qui ôtait toute force au gouvernement; mais il n'en est pas moins vrai que si l'Angleterre, unie à l'Allemagne pour le maintien des traités européens, avait persisté à imposer sa médiation et à menacer de son hostilité celle des deux Puissances en armes qui l'aurait refusée, il n'en est pas moins vrai que la guerre devenait impossible et que le Piémont devait refermer les digues que partout il avait ouvertes, en Italie, aux flots révolutionnaires.

La responsabilité de la guerre d'Italie pèse donc, non-seulement sur le Piémont qui la voulait, sur l'Autriche qui, par son ultimatum, en a fourni le prétexte que l'on guettait, mais surtout sur l'Angleterre qui pouvait l'empêcher et qui ne l'a pas fait.

La guerre éclate. Lord Palmerston était aux affaires; la politique conservatrice de lord Derby fut abandonnée; la foi due aux traités fut oubliée. Le cabinet Whig poursuivit deux buts à la fois: laisser d'abord écraser l'Autriche, l'isoler dans la guerre, en empêchant l'Allemagne frémissante d'intervenir, en un mot diviser l'Europe; et puis, reprendre en Italie la politique de lord Palmerston en 1846 et 1847, y épouser la cause du Piémont et du parti révolutionnaire, faire servir à sa cause toutes les passions excitées par la guerre, y lutter d'influence et d'audace avec la France à laquelle lord Palmerston comptait bien ainsi ravir les fruits des sacrifices et des victoires de l'Empereur.

La paix de Villafranca, nous l'avons vu, était un danger pour l'Angleterre menacée d'isolement; ce danger, le cabinet Whig le retourne contre la France, et voici comment:

Il vit clairement qu'il y avait en Italie deux politiques opposées, confondues un moment sous un même drapeau, la politique de la France et celle du Piémont. Il comprit qu'en donnant son appui à l'une, il faisait échouer l'autre. Il entreprit de détacher le Piémont de la France, en dépit du mariage Sarde, en encourageant toutes les convoitises, les prétentions et les projets ambitieux de la maison de Savoie. Il vit qu'il était possible de chasser politiquement la France de l'Italie, comme l'Autriche en avait été chassée militairement.

L'opposition entre la politique française et piémontaise en Italie, était éclatante et manifeste :

Napoléon III a cru devoir s'arrêter au Mincio, pour éviter la guerre révolutionnaire et générale qu'il rencontrait à Vérone et à Venise. Le Piémont, qui le lui a reproché amèrement, voulait l'exclusion de l'Autriche, au risque d'incendier l'Europe et de faire triompher la Révolution. M. de Cavour, qui bien plus que Victor-Emmanuel, représente l'idée piémontaise, se retira sous sa tente d'Achille, pour préparer la revanche qu'il obtint.

La France marchait vers la restauration des Princes italiens; le Piémont vers l'annexion.

La France regardait comme un danger pour l'Europe et surtout pour elle-même, l'établissement d'un grand royaume italien à sa frontière des Alpes, et pouvant tourner un jour contre la France son influence et son épée. C'est ce grand royaume libéral et anticatholique, c'est-à-dire anglais, que le Piémont voulait fonder.

La France voulait une confédération d'États, avec le Pape au sommet; le Piémont voulait l'unité au profit du *Ré d'Italia* et au détriment de la Papauté abaissée.

La France promettait l'intégrité des États de l'Église; le Piémont cherchait à en séparer les Romagnes, en attendant de pouvoir exiler le Pontife catholique dans Rome, et plus tard à Gaëte ou ailleurs.

Le programme de la France et celui du Piémont formaient donc une parfaite antithèse, et Napoléon III jura à Villafranca et à Zurich que c'était le sien qui triompherait.

Cette parole n'a pas été tenue, et pourquoi? A-t-il fallu reculer devant les menaces du Piémont derrière lequel se dressaient les menaces révolutionnaires? Je me refuse à le penser; mais on a reculé devant l'Angleterre.

L'Angleterre prêta son puissant appui à la politique du Piémont, et se promit, à l'aide de cet auxiliaire rompu aux intrigues, de déchirer une à une toutes les pages du traité de Zurich. Elle prit les devants sur la France, en renchérissant sur le programme Napoléonien. Lord Palmerston disait ou pensait : « Ah! vous avez fait la guerre contre « notre gré et la paix sans nous; nous ferons le Congrès « contre vous. Vous avez levé le drapeau de l'indépendance; « nous levons celui de la liberté, de la liberté que vous « ne pouvez pas donner à l'Italie, après l'avoir refusée à « la France.

« Nous irons jusqu'au régime parlementaire que vous ne « pouvez pas sanctionner, jusqu'à l'Unité italienne que vous « devez repousser, jusqu'à l'annexion des Duchés et des « Romagnes que vous avez exclue, jusqu'à Rome où nous « humilierons le Pape que vous vouliez défendre et gran- « dir, jusqu'à Venise peut-être, que vous avez abandonnée « et que nous proposerons de racheter. »

Lord Palmerston a réussi, et le *Times* du 6 Janvier a pu dire avec une fine ironie et un arrogant orgueil : « Nous « n'avons nul motif de regretter l'attitude d'observation « que nous avons prise, et nous ne saurions croire qu'il y « ait aucune intention sérieuse *de renoncer à une position qui « nous a valu tous les avantages de la paix et toute l'influence « que nous aurions pu obtenir par la guerre la plus destruc- « tive*... L'Angleterre doit abandonner aux États ardents à « faire la guerre pour une idée, *le soin de sortir de leur « mieux des difficultés qu'ils ont créées.* »

C'est amer, mais c'est vrai. Voilà pour l'Italie. Regardons l'Europe :

Napoléon, nous l'avons dit, avait cru, à Villafranca, qu'il fondait l'alliance des trois empires, qu'il forçait la Prusse isolée en Allemagne à s'y rattacher, qu'il isolait l'Angleterre en Europe. Voyons ce qui arriva.

L'Angleterre exploita habilement d'un côté la haine encore saignante de la Russie contre l'Autriche, et de l'autre les craintes et l'ambition de la Prusse.

La Russie, blessée de cette paix directe proposée, à son insu, par la France à l'Autriche, contre laquelle toutes ses rancunes se réveillèrent, retira la main donnée à Napoléon III à Stuttgardt.

La Prusse, que la menace d'une guerre portée de l'Adige sur le Rhin, avait jetée dans les bras de l'Angleterre, se rapprocha de la Russie, pour mieux servir en Allemagne ses projets de suprématie que l'abaissement de l'influence Autrichienne favorise et assure. L'entrevue de Breslau couronna cette politique, et le Gouvernement britannique put dès lors consentir à participer au Congrès de Paris, où sa politique devait triompher.

Dans cette situation, quelle était la position faite aux puissances dans le Congrès, et quelle était surtout celle de la France?

Napoléon III était engagé d'honneur, par sa signature et sa parole, à défendre dans le Congrès les principes de la paix de Villafranca et de Zurich: la possession de la Vénétie par l'Autriche, la restauration des duchés dans l'Italie centrale, l'intégrité des Etats-Romains, la confédération italienne. L'Angleterre aurait soutenu l'indépendance complète de l'Italie, le respect pour ce qu'on appelle le vœu des populations, l'annexion de l'Italie centrale au Piémont, l'Unité, et la dépossession du pape.

En plaçant la question romaine au premier plan du réglement des affaires d'Italie, lord Palmerston et M. de Cavour se croyaient sûrs de rallier à leur politique la Russie schismatique et la Prusse luthérienne.

Le Congrès devenait dès ce moment impossible pour la France. Des deux choses l'une : l'Angleterre eût fait adopter son programme par la majorité des Puissances ; elle eût fait condamner solennellement par un Congrès convoqué par la France et l'Autriche, le traité que ces deux Puissances soumettaient à la sanction européenne, et le vainqueur de Solferino devenait manifestement le vaincu du Congrès de Paris. Ou bien, l'empereur Napoléon, à l'aide des voix de Rome, de Naples et de l'Espagne, eût rallié à son système, la majorité des Puissances dans un Congrès divisé et sans force politique, et la France isolée à côté de l'Autriche affaiblie, eût été plus embarrassée de ce triomphe apparent que d'une véritable défaite diplomatique.

Les décisions du Congrès ne pouvaient pas rester irréalisées et impuissantes, sans livrer ce Congrès à la risée de l'Europe et sans blesser au cœur l'autorité des gouvernements ainsi abaissés. Mais qui donc se serait chargé de l'exécution de ces décisions? qui aurait rétabli les Princes dépossédés, rendu les Romagnes au Pape, fondé la Confédération italienne? L'Angleterre, la Prusse, la Russie? Evidemment non ; elles se seraient réfugiées dans le principe de non-intervention absolue. La France et l'Autriche? Mais Napoléon III aurait-il fait, après le Congrès de Paris, ce qu'il n'a pas osé ou voulu faire après la paix de Villafranca, à la tête de ses armées victorieuses?

L'Angleterre triomphait encore une fois dans cette situation impossible. Elle se retirait du Congrès où elle aurait défendu contre la France, ce qu'on appelle les droits, l'indépendance et la liberté de l'Italie ; elle se serait retirée en entraînant le Piémont après elle, en rompant l'alliance qu'on avait cru former par le mariage sarde, en tuant l'influence française en Italie à l'égal de l'influence autrichienne, en y allumant contre l'Empereur toutes les vengeances des sociétés secrètes, en y prenant la place prépondérante que l'Autriche y avait avant la guerre et que la France avait cru conquérir par ses victoires.

Napoléon III se trouvait donc au bout d'une véritable *impasse politique*; j'emprunte ce mot à l'organe de lord Palmerston. Toute son habileté n'a pas suffi à y échapper, et c'est pour en sortir qu'il a brisé le Congrès qui, dans les conditions posées, n'était plus qu'un piége tendu sous ses pas par les mains de l'Angleterre.

La brochure célèbre, *le Pape et le Congrès*, avait ce but. Cette bombe jetée au milieu des puissances prêtes à se réunir, a rendu le Congrès impossible, et c'est ce que l'on voulait. L'Angleterre qui, la veille, se croyait menacée d'une invasion française, comptait les vaisseaux de la France, énumérait les redoutables armements que l'empire organisait dans l'ombre et les régiments qui devaient composer le futur camp de Boulogne, qui mesurait la force agressive de Cherbourg, surveillait l'Irlande avec crainte, jetait du haut de la tribune son cri d'alarme, travaillait avec une inquiète et ardente énergie à la défense de ses côtes, et formait son armée de carabiniers volontaires, — l'Angleterre étonnée vit tout à coup la France venir à elle, lui tendre la main, lui céder les fruits de la guerre d'Italie, la paix de Villafranca toute entière, lui livrer sa parole donnée à l'Autriche, lui sacrifier le Pape, c'est-à-dire, lui demander grâce, en se jetant du côté des forts et en trahissant les faibles!

A ces condescendances imprévues, à ces concessions extrêmes, comment répond l'Angleterre? Toute la presse britannique exprime sa satisfaction et sa joie de voir la

France abandonner *la politique impossible de Villafranca et de Zurich, pour adopter la politique qui lui a été conseillée par l'Angleterre* (1) ; *elle se félicite de la conversion de l'Empereur aux vœux du gouvernement anglais, et d'un aussi brillant succès diplomatique pour l'Angleterre* (2), Mais lord Palmerston considère-t-il ces concessions comme suffisantes, accepte-t-il le nouveau programme politique arboré par la brochure anonyme et par la lettre de Napoléon III au Pape? Se contente-t-il de la nouvelle rupture de la France et de l'Autriche, de l'abandon des Princes auxquels on avait promis la restauration, et de l'abandon de la papauté que l'on sacrifie aux rancunes anglicanes et révolutionnaires?

Non ; l'Angleterre repousse la politique de la lettre au Pape, comme elle a combattu et ruiné la politique de la paix de Villafranca. Elle élève de nouvelles exigences; pourquoi les lui refuserait-on? *La solidarité et l'irrésistible logique des événements* auxquelles on a déjà obéi, exigent qu'on y obéisse encore. *Napoléon III, en reconnaissant son impuissance à exécuter les conditions de Villafranca, rejetées avec indignation par les vœux des populations* (3), demande trois choses, comme conditions de la capitulation à laquelle il souscrit : 1° que l'Italie centrale forme un état séparé et ne soit pas réunie au Piémont ; 2° que le Souverain Pontife, après avoir perdu les Légations, conserve le reste de ses états qui lui seront *garantis par l'Europe;* 3° qu'une *action, une politique commune,* soit adoptée par l'Angleterre et la France, dans le réglement des affaires d'Italie, qu'une *alliance réelle* existe entre ces deux puissances.

(1) *Times,* du 14 janvier. — (2) Idem. — (3) *Morning Post.*

Le Ministère Anglais refuse cette capitulation à laquelle il faudra renoncer:

1° « Il a transmis aux cours étrangères l'expression fran-
« che de son opinion, à savoir que l'annexion de l'Italie
« centrale à la Sardaigne serait la solution la plus rapide et
« la plus heureuse des complications actuelles (1). En tout
« cas, il déclare s'opposer à ce qu'un membre appartenant
« aux familles des dynasties des cinq grandes puissances ne
« soit admis à monter sur le trône du nouvel état créé
» contre la volonté de l'Angleterre (2). »

2° « Quant à la garantie des *Etats restant à l'Eglise*, dont
« il est question dans la lettre de l'Empereur, il suffit de
« faire remarquer qu'aucun ministre anglais, à quelque
« parti qu'il appartienne, n'oserait garantir la continuation,
« sur les Marches romaines, de *la tyrannie* dont on délivre
« les Légations, et de rappeler la déclaration faite par
« Lord Jhon Russell, l'année dernière, qu'une chose à
« laquelle l'Angleterre ne consentira jamais, c'est de dé-
« fendre l'intégrité de la puissance papale (3). » Lord Palmerston, en répondant à M. d'Iraeli, dans la séance *des Communes* du 24 Janvier, a confirmé pleinement cette déclaration de son collègue lord Russell: Le Gouvernement de S. M., a-t-il dit, *n'a jamais contracté aucun engagement* relatif au maintien de l'intégrité des Etats du pape; *je ne pense pas que ce pays veuille le moins du monde accorder une pareille garantie.*

3° L'organe de Lord Palmerston, le Morning-Post, promet à la France une *alliance virtuelle,* mais voici comment *le Times* explique la portée de cette alliance: « l'Angleterre
« a compris que sa politique exige qu'elle évite toute inter-

(1) *Morning Post.* — (2) Idem. — (3) Idem.

« vention armée en Italie ; le gouvernement a sagement
« laissé prendre à l'Empereur des Français l'iniative dans tout
« ce qui a été fait, et si nous avons une part quelconque dans
« le réglement des destinées futures de l'Italie, ce ne sera
« que comme les conseillers de la France dont l'armée
« continue à occuper Rome et la Lombardie... On annonce,
« ajoute le Times, que l'empereur des Français s'est
« adressé à notre Gouvernement pour savoir si la Grande-
« Bretagne était disposée à le soutenir dans le cas où
« l'Autriche chercherait à faire exécuter le traité de Zurich
« par un second appel aux armes. *C'eût été se départir*
« *de notre politique;* mais heureusement l'arrangement n'est
« pas nécessaire, l'Autriche ayant fait connaître qu'elle
« n'avait ni la volonté, ni le pouvoir d'entreprendre une
« nouvelle campagne d'Italie, et que si la France s'oppo-
« sait à la restauration des souverains légitimes en Italie,
« l'Autriche ne pouvait que protester contre cette injus-
« tice... *C'est à la France,* conclut le principal organe de
« l'opinion en Angleterre, *qu'appartient le réglement des*
« *affaires de l'Italie centrale... L'Empereur sortira le mieux*
« *qu'il pourra des difficultés qu'il a créées.* »

M. Fitzgerald avait affirmé que le traité de commerce *couvrait l'identité de politique, établie entre la France et l'Angleterre.* M. Gladstone et lord Granville protestèrent vivement contre cette allégation, et déclarèrent que la *politique de l'Angleterre restait complétement indépendante, dans la manière d'envisager les questions européennes.*

On ne peut pas accueillir des offres d'entente cordiale plus humbles, avec une superbe plus britannique. Si la France a été forcée d'abandonner sa politique, l'Angleterre garde fièrement la sienne, et il faut reconnaître qu'on ne trouve plus dans cette attitude de l'Angleterre aucune trace de la peur qui la veille semblait l'égarer.

Pour bien mesurer la profondeur de cette chute, il suffit de comparer la position que la France occupait en Europe, avant la guerre d'Italie, et celle que les événements créés par cette guerre lui font aujourd'hui.

Voici ce que j'écrivais le 15 avril 1859, la veille de la guerre ! « L'Empire, par la gloire de ses armes « et le bonheur de sa politique, assure la sécurité de la « France et la paix de l'Europe; appuyé sur l'Autriche « qui engage inévitablement la Prusse après elle, et qui lui « apporte l'influence germanique toute entière, il arbore « le principe conservateur que l'Autriche représente; ap- « puyé sur Rome, il participe à la force du principe reli- « gieux et catholique dont l'Église dispose. Il a fait de la « France la première des puissances militaires, la première « des puissances conservatrices, la première des puissan- « ces catholiques. L'Europe de 1815 est dissoute, avec les « alliances qui la constituaient. Napoléon III a rencontré « la fortune inouïe de faire déchirer les traités de 1815 par « les mains de l'Autriche et de l'Angleterre... il est à la tête « d'une alliance qui assure, à l'empire la prépondérance et « la durée... Il marche visiblement à la suprématie euro- « péenne, que déjà on ne lui conteste plus. »

J'ajoutais: « arrivé à ce faîte, la tête tourne aux plus « sages et la main manque aux plus fermes,... au lieu de « cette grande alliance occidentale à la tête de laquelle on « se trouvait, on se met à la suite de la petite alliance du « Piémont qui lui-même est à la suite des refugiés et de la « Révolution... On court, à travers les hasards, après l'al- « liance de la Russie que peut-être on n'attendait pas; on

« consomme la rupture avec l'Autriche ; on prépare la rup-
« ture avec Rome; on alarme l'Europe qu'on avait rassurée,
« on inquiète les intérêts conservateurs et religieux qu'on
« avait accepté la mission de défendre... On descend de la
« suprématie européenne à laquelle on touchait, pour re-
« tourner à l'isolement dont on était sorti. On abandonne
« la voie tracée par la Providence et où l'on avait rencon-
« tré le succès, pour entrer dans le vice où le premier em-
« pire s'est égaré et perdu. »

Je n'ai rien à retrancher de ces lignes et j'ai peu de choses à y ajouter. L'alliance de la France et de l'Angleterre, hier si compromise, et prête à se rompre, se reconstitue aujourd'hui, mais dans quelles conditions ? La France est-elle à la tête ou à la suite de cette alliance? Elle l'avait dictée du haut des remparts de Sébastopol à l'Angleterre amoindrie militairement et politiquement par la guerre de Crimée; elle la dominait, parce qu'elle avait l'Autriche à côté d'elle qui lui assurait cette domination. Aujourd'hui, vaincu sur le champ de la diplomatie et par l'habileté de l'Angleterre et par les difficultés nées de la guerre, forcé de mettre sa brillante campagne d'Italie au service de l'Angleterre, Napoléon III accepte la nouvelle alliance des mains triomphantes de lord Palmerston ; il semble la solliciter et la subir.

L'Angleterre a séparé la France de la Russie le lendemain de Villafranca ; elle a détruit l'effet de l'entrevue de Stuttgardt, qui lui rappelait trop celles d'Erfurt et de Tilsit; elle a rapproché la Russie de la Prusse à Breslau ; elle jette entre l'Autriche et l'empire français, en brisant le traité de Zurich, des haines plus irréconciliables que celles créées par la guerre de Crimée entre l'Empereur François-Joseph et le Czar; elle met la main sur l'Italie que Napoléon III croyait tenir et comptait garder; elle enlève à l'Empire, par la rupture avec Rome qu'elle conseille et encourage, le titre et la position de première puissance latine et catholique, de fille aînée de l'Église, que la France a tant de raison et d'intérêt à conserver. L'Angleterre détache ainsi de l'influence française cette Espagne qui se réveille et dont elle surveillait avec inquiétude les succès dans le Maroc du haut de son Gibraltar; elle détourne de la France les sympathies de toutes les nations latines et catholiques, de la Savoie qui lui revenait, de l'Italie qui veut rester catholique en devenant libre, et de ces deux cent millions d'hommes qui sous toutes les latitudes regardaient l'influence de la France comme acquise à leur cause et à leurs droits; elle enlève à l'empire français la magnifique position que celui-ci voulait prendre en Orient, et jusque dans l'extrême Asie, comme défenseur de l'intérêt catholique dans ce monde que l'Angleterre veut ouvrir à ses marchands, la Russie à l'ambition moscovite, et la France au Christianisme.

Voilà la situation. Est-ce là monter ou descendre? N'est-ce pas perdre la *suprématie européenne à laquelle on touchait, pour retourner à l'isolement dont on était sorti?* On obtient l'alliance anglaise, mais en cédant toute sa politique à l'Angleterre qui tient la France impériale, comme elle a tenu la France de juillet, isolée et dès lors à sa merci. La France de juillet a conclu l'alliance anglaise entre deux actes de puissance et d'énergie, l'occupation d'Ancône et le siége d'Anvers; elle a lutté courageusement avec l'influence anglaise à Athènes, en Italie et en Suisse en 1846 et en 1847. Qu'est-ce que l'indemnité Pritchard qu'on a si ridiculement reprochée au gouvernement de Louis-Philippe et qui avait tant ému l'opinion en France, en regard de l'abandon d'un traité solennellement signé, d'une parole donnée à l'Autriche, à la Papauté et au monde, en regard de la perte des alliances au sommet desquelles on se trouvait, et de la confiance que l'on avait inspirée à l'Europe? L'acquisition de la Savoie et de Nice, quelque valeur qu'on lui attribue, ne compenserait pas à coup sûr l'établissement d'un grand royaume d'Italie formé par l'influence anglaise; c'est un dédommagement qui peut servir à masquer une défaite, mais qui ne la supprime pas.

Puis-je donner à ces résultats un autre nom que celui d'*échec politique*, échec que ne peuvent couvrir suffisamment les victoires de Magenta et de Solferino?

La politique du Piémont à l'égard de la France, vaut celle de l'Angleterre. La Sardaigne, nous l'avons vu, a empêché tout ce que Napoléon III avait voulu et avait promis à Villafranca. M. de Cavour, après avoir assisté, dans son orgueilleuse retraite, à la ruine totale de la politique impériale contre laquelle il avait solennellement protesté, vient de sortir de sa tente en vainqueur, pour reprendre tous ses projets d'annexion, sa guerre contre Rome, ses conspirations contre Naples, et demain sa lutte en Vénétie contre l'Autriche. La France inquiète de voir un état de cette puissance, se former à sa frontière, veut éloigner des Alpes ce grand royaume, en prenant elle-même possession de la Savoie. Mais M. de Cavour, dans les enivrements de son triomphe, résiste, et cherche des appuis à cette résistance, à Londres, à Vienne et à Berlin. Il marchande sa reconnaissance, et trouve qu'il suffit à la France d'avoir fait la guerre *pour une idée,* sans qu'elle ait besoin qu'on lui paie sa gloire.

CHAPITRE IV.

SITUATION INTÉRIEURE.

Nous n'avons envisagé jusqu'ici qu'un côté de la situation, le côté extérieur; il nous reste à en étudier le côté intérieur aussi triste et aussi sombre que l'autre, pour l'Empire.

Napoléon III, en adoptant la politique soudaine et imprévue qu'il inaugure *et que lui a conseillée l'Angleterre* (1), blesse profondément :

La France religieuse et catholique, par le schisme avec Rome ;

La France conservatrice, par l'abandon du droit dynastique et du droit public européen, auquel on oppose le principe révolutionnaire de la légitimité de toutes les révoltes consacrées par le succès d'un jour ;

La France des intérêts, à laquelle on ôte toute sécurité et toute confiance, par ces brusques événements, par ces coups de théâtre politiques, qui jettent périodiquement les affaires dans des tourmentes et les désastres qui en sont la suite ; la France de l'agriculture, et de l'industrie que l'on soumet prématurément peut-être à la rude épreuve du libre échange et de la concurrence anglaise.

La France de l'armée et du peuple rural qui vit surtout de sa passion contre l'Angleterre ; cette France sur laquelle l'empire s'est si puissamment appuyé jusqu'ici, se sentira blessée dans tous ses instincts, et, si vous l'aimez mieux,

(1) *Times.*

dans ses préjugés traditionnels, lorsqu'elle s'apercevra que l'alliance avec l'Angleterre se fait dans les conditions qu'on a reproché peut-être à tort au Gouvernement de Louis-Philippe d'avoir subies, et s'achète par le sacrifice de l'intérêt religieux, de l'intérêt de l'ordre, de l'intérêt agricole et industriel et de la suprématie de la France.

L'armée à laquelle on avait rendu la gloire; le clergé auquel on voulait rendre le respect et l'influence; les intérêts auxquels on prétendait donner le gage de la sécurité et de la paix; la démocratie rurale, les paysans auxquels on confiait la forte poignée du suffrage universel; ces forces ne forment-elles pas le quadrilatère politique dans lequel l'empire s'est enfermé et fortifié? La politique nouvelle acceptée des mains de l'Angleterre, ne l'en fait-elle pas sortir, pour le laisser en rase campagne aux prises avec les fils de Voltaire, avec la démocratie urbaine, la bourgeoisie, qui n'a jamais su être gouvernement, qui est restée toujours opposition, et s'est faite la constante complice de la Révolution, pour démolir toutes les dynasties et tous les régimes.

Napoléon III a trop de pénétration pour ne pas comprendre qu'en perdant la confiance de la France religieuse, il ne gagne pas celle de la France voltairienne et libérale; que derrière les applaudissements du *Siècle,* les sourires de *la Presse* et même *des Débats,* il y a des réserves redoutables, et qu'en tout cas MM. Edmond About, Labédolière, Granguillot et Hippolyte Castille, ne valent pas les évêques de France, pas plus que les cafés des Boulevards où le Figaro applaudit, ne valent le coin du feu où la religion s'assied, où les masses se recueillent et se désaffectionnent.

Je dirai du clergé français ce que je pense. Il faudrait remonter au-delà de bien des siècles, pour trouver un clergé plus digne de nos respects et de notre admiration. En tête de l'épiscopat brillent les noms les plus illustres dans la science, l'éloquence et la littérature, les vertus les plus austères et le zèle le plus fécond. Le clergé et les ordres religieux rendus à la pauvreté et au dévouement évangélique, ont repris dans l'humble apostolat des presbytères, dans les chaires de nos cathédrales, dans l'enseignement et dans la charité dont ils ont multiplié les œuvres d'une manière admirable, ont repris, dis-je, toute l'influence que les épreuves de la protection monarchique et de la persécution révolutionnaire leur avaient fait perdre depuis deux siècles. La défection gallicane, que des pouvoirs avides d'asservissement avaient tant encouragée, a disparu pour faire place à cette unité catholique qui, en rattachant étroitement à Rome toutes les nations fidèles, a donné à l'Église universelle une force incomparable, dont elle a besoin pour traverser les grandes épreuves qui se préparent et qu'elle attend.

La liberté de la parole et des œuvres, de l'enseignement et de la charité, que le Gouvernement de Juillet lui avait marchandée ou refusée, le clergé français l'avait conquise sous la République, et l'Empire lui offrit la protection.

Napoléon III, en offrant cette protection, songeait à lui-même sans doute, mais je ne puis croire qu'il ait voulu tendre au clergé un piége, au lieu de lui accorder un loyal bienfait.

Mais c'est ici que le danger, d'abord peu aperçu de tous, vient de se révéler. Napoléon III, dans des vues sincères, je veux le croire, avait non-seulement maintenu la liberté religieuse, relevé le culte, restauré les cathédrales, favorisé les écoles chrétiennes et les innombrables œuvres de bienfaisance que la religion sème sur le sol de la France, mais il avait appelé des évêques dans son sénat et dans son conseil privé; il cherchait à faire du clergé un élément du règne, un instrument du suffrage universel et une pièce de sa politique.

Une partie du clergé, si longtemps tenu à l'écart, dans la suspicion et l'hostilité, s'est laissé prendre peut-être à la tentation, et il était difficile qu'il en fut autrement. Il devait sans doute accepter les bienfaits, bénir le bienfaiteur, louer les actes utiles, soutenir de bonne foi l'empire comme une digue élevée contre la Révolution; mais j'ai une conviction de jour en jour plus forte, c'est qu'aux époques de révolution politique et sociale, comme celle que nous traversons, où les gouvernements sont éphémères, les institutions changeantes et les bouleversements périodiques, le Clergé, l'Eglise ne doit se rendre solidaire ni des partis qui passent, ni des gouvernements qui tombent; elle doit plus compter sur la liberté que sur la protection des pouvoirs. Les pouvoirs caressent et protègent aujourd'hui, mais souvent pour trahir demain. La liberté a ses inconvénients, ses rudes combats et ses périls, mais elle trahit moins, et finit à la longue par sauver toujours.

Le clergé français prouve aujourd'hui que l'appui loyal qu'il a donné à l'Empire, n'était la condition d'aucune condescendance en opposition avec aucun de ses devoirs. Il devait son influence au bien que l'on faisait; il doit sa calme, pacifique et énergique résistance au mal qu'on prépare. On lui demande de choisir entre un protecteur qui exige et une mère qui implore; il choisit sa mère, et je m'étonne qu'on s'en plaigne comme d'une ingratitude, et qu'on s'en irrite comme d'une trahison.

On s'était trompé à l'attitude qu'il avait prise; on a cru à la solidarité politique entre l'empire et lui; on a trop laissé dire que le clergé et l'armée étaient les deux bases sur lesquelles l'empire reposait. A ce point de vue, la faute que commet l'Empire, est une faute heureuse, *felix culpa;* elle éclaire et elle dégage. Je ne conseille pas à coup sûr une hostilité dangereuse et coupable; l'Eglise est la grande école du respect et de l'autorité; elle n'est pas et ne doit pas être un parti politique; elle obéit aux pouvoirs établis et ne trahit personne; mais avant de donner des martyrs aux persécutions, elle a toujours eu des Ambroises à opposer à des Théodoses.

L'influence morale du clergé reste donc à l'Empire, mais son influence politique lui échappe, ou plutôt l'empire y renonce. Aura-t-il, en compensation, gagné l'appui du parti démocratique et irréligieux? Ce parti lui devait des applaudissements et il les lui donne, mais il garde son concours pour un autre régime, celui que Napoléon III est venu abattre et détruire.

En attendant, a-t-on prévu à quel prix ce parti mettra ses applaudissements, ses sympathies provisoires et son adhésion éphémère? Il le déclare assez haut déjà: dans la politique de la lettre de l'Empereur au Pape, on découvre, dit-il, *une lacune: il y manque le couronnement de l'édifice: la liberté politique*(1). Cela est juste et logique. On se sépare de Rome, des catholiques, et l'on épouse la politique de lord Palmerston et du *Siècle;* lord Palmerston peut se contenter de la liberté com-

(1) La *Presse*.

merciale en échange de son alliance, mais cette concession ne contentera pas à coup sûr les fils de Voltaire et les citoyens de 1848. Ils exigeront deux choses comme conditions de leur problématique concours : la suppression de la liberté religieuse d'abord, de la liberté d'enseignement et de la charité, l'oppression du clergé ; puis la conquête de la liberté révolutionnaire qu'ils appellent la liberté politique, la liberté illimitée de l'erreur et du mal, tenant enchaînée la liberté de la vérité et du bien.

L'Empereur est-il prêt à faire cette concession? S'il ne l'est pas, le concours sera refusé, les applaudissements se tairont, l'opposition démocratique renaîtra; on aura perdu une grande force sans en trouver une autre pour la remplacer.

Voilà la situation intérieure créée par la lettre de Napoléon III au Pape. Examinons en quelques mots celle que prépare la lettre économique de l'Empereur adressée à son ministre d'Etat M. Fould.

Je n'ai pas à étudier ici le programme impérial en lui-même, et à prendre parti dans la lutte qui s'engage entre la France protectionniste et le Gouvernement impérial. Je ne sais si la France mettra à accomplir sa réforme agricole, commerciale et industrielle, le temps et les ménagements que l'Angleterre a employés, en parcourant toutes les étapes prudentes qui séparent la réforme d'Huskisson, de celles de Robert Peel et de Cobden ; j'ignore s'il s'agit d'une transition qui ménage ou d'une révolution qui bouleverse. S'il n'est question que d'une œuvre modeste de transition que les esprits pratiques et sages peuvent approuver, l'enthousiasme de l'Angleterre est prématuré et le lyrisme de l'école économique en France doit quitter les nues et reprendre terre. Si c'est une révolution, un coup d'état intérieur, en rapport avec le retentissement et l'éclat qu'on lui donne, c'est une faute politique que la faute religieuse consommée par la lettre au Pape, peut seule faire mesurer.

Mais ce n'est pas une situation économique que j'apprécie, c'est une situation politique que j'examine. J'étudie les résultats que la politique inaugurée peut produire pour l'empire; les forces qu'il obtient et celles qu'il perd. L'avenir éloigné que nos petits-fils auront à juger et pour lequel on sème, peut être sans doute une belle chose; mais à notre époque troublée, et pour une dynastie que l'on fonde, il faut s'inquiéter surtout du présent par lequel on vit et dont quelquefois on meurt.

Or, quel est ce présent? Je ne sais pas si la France a raison d'être protectionniste, mais elle l'est. Le gouvernement de Louis-Philippe trouvait son appui dans l'alliance anglaise à laquelle on lui a tant reproché de faire de pusillanimes concessions. Il en est une qu'il n'a pas faite, c'est celle du système protecteur de la France ; le ministère qui l'aurait essayée, aurait été renversé. La république de 1848 qui s'était jetée dans la voie des réformes les plus aventureuses, a reculé devant la réforme douanière, et l'on n'a pas oublié avec quelle puissance de parole et à la tête de quelle majorité, M. Thiers a vaincu la tentative d'une telle réforme faite à la tribune de l'assemblée législative.

Les intérêts en France se sont-ils transformés depuis huit ans à tel point que M. Michel Chevalier et M. Bastiat les aient ralliés à leurs idées. Ou bien le gouvernement impérial se sent-il assez fort pour les vaincre? C'est cette dernière hypothèse que l'on adopte en Angleterre. *Le Times,* avant la guerre d'Italie, s'écriait « qu'aussi longtemps qu'un « membre de la dynastie napoléonienne serait sur le trône « de France, les nations européennes devaient se résigner « aux lourdes charges des impôts et des budjets, et que le « monde devait renoncer à toute sécurité. » *Le Times* déclare aujourd'hui que l'Empereur, « fort de la confiance « dans la stabilité plus grande de sa dynastie, se sent « capable de *défier* à la fois *le bigotisme ecclésiastique* et « l'intérêt protectionniste qui s'est toujours cru assez fort « pour lutter contre tout gouvernement, quelque puis- « sance qu'eût ce gouvernement. »

Ce *défi* jeté le même jour à l'intérêt religieux et à l'intérêt industriel de la France, n'est-il qu'une *tentative audacieuse*, comme l'appelle le *Morning-Post*, et les adversaires de l'Empire auraient-ils pu conseiller ou espérer une faute plus imprudente et plus dangereuse? Une circonstance fâcheuse a ajouté l'irritation politique à l'inquiétude et aux alarmes dont l'agriculture et l'industrie sont frappées: le programme économique de l'Empereur, tenu caché à la France, écrit en collaboration avec Cobden, apparaît, par une coïcidence fatale, comme une concession faite à l'Angleterre, comme la condition du rétablissement de l'alliance entre les deux peuples. C'est ainsi que toute la presse anglaise l'accepte, et les frénétiques applaudissements qui éclatent de l'autre côté du détroit, l'enthousiasme auquel on se livre comme au lendemain d'une victoire, les éloges qu'on y prodigue à l'empire et qui contrastent avec le silence, l'inquiétude, les murmures et les plaintes d'une grande partie de la France, ces éloges, cet enthousiasme et ces applaudissements, donnent à la mesure impériale un caractère politique qui n'est pas à coup sûr un gage de popularité.

S'il est vrai que Napoléon III a consenti à apporter au traité de commerce qui vient d'être signé, des modifications importantes dictées par l'intérêt anglais et exigées par le cabinet Whig, dont l'existence était menacée par une formidable coalition parlementaire, cette nouvelle concession du gouvernement impérial, ne contribuera pas, je pense, à ramener à cette politique les sympathies de la France.

J'ignore si l'on a voulu distraire de l'émotion religieuse par l'émotion industrielle; mais ce que je sais, c'est qu'on a coalisé ces deux puissants intérêts; c'est qu'on les a unis par un grief commun, le reproche de les avoir sacrifié l'un et l'autre à la politique de l'Angleterre. Il n'y a pas de gouvernement en France qui puisse affronter un pareil grief sans péril.

Encore une fois: je vois bien ce que l'on détruit et les influences que l'on perd, mais j'aperçois moins ce que l'on fonde et les influences qu'on rallie. On désaffectionne la France catholique, on alarme la France agricole et industrielle, on blesse le sentiment, ou, si vous le voulez, les préjugés de l'armée, on s'aliène la partie rurale et religieuse du pays, la grosse phalange du suffrage universel. La France voltairienne, la démocratie urbaine, le parti vaincu de 1848 et les exilés apporteront-ils de suffisantes compensations? Ce serait folie de le croire. On encouragera, on louera, on applaudira, de concert avec l'Angleterre, pour compromettre, pour perdre et se venger, mais on ne se ralliera pas. Le plus illustre d'entre les proscrits politiques l'a dit: *Nous n'entrerons qu'avec la liberté.* Cette liberté qu'on a refusée lorsqu'on était fort, l'accordera-t-on lorsqu'on est faible de tous les appuis anciens qu'on abandonne, et de tous les appuis nouveaux qu'on n'a pas?

Par cette politique, on rend à la révolution les espérances et les forces qu'on enlève à la religion, à l'ordre et aux intérêts, mais je ne vois pas comment l'empire en profite.

L'Empire, il ne faut pas l'oublier, n'est pas une monarchie, c'est une démocratie, avec le suffrage universel à la base et l'Empereur au sommet. Il y a deux démocraties en France; l'une qui sert de point d'appui à la Révolution et à la république, c'est la démocratie urbaine; l'autre qui sert de point d'appui à l'empire, c'est la démocratie rurale, religieuse et conservatrice. Entre ces deux démocraties il y a une classe moyenne que le suffrage universel a exclue du gouvernement, qui est restée sur *le radeau de* 1848 où l'Empire la laisse, et qui ne peut servir de base qu'à un gouvernement représentatif où la prépondérance lui est laissée.

Or, que fait l'Empereur? Il abandonne la démocratie rurale qui lui a donné les cinq millions de voix qui ont fondé et maintenu l'empire; il demande le concours de la démocratie urbaine qui ne lui appartient pas et qui restera une ennemie irréconciliable; il rend à la classe moyenne une force dont elle disposera pour un régime où elle trouvera la place que le suffrage universel lui a refusée.

Les anciens partis constitutionnels et monarchiques dont les divisions ont été la principale cause de la chute de la Restauration et du gouvernement de Juillet, ces partis, noyés dans le suffrage universel, *comme un verre de Madère dans l'Océan,* selon la spirituelle expression de mon honorable ami, le Cte de Montalembert, étaient restés dispersés, sans drapeau, et ne formaient qu'un Etat-Major sans armée. On les rallie, on leur rend un drapeau perdu, on rassemble pour eux l'armée des mécontents et de la désaffection; on leur offre un terrain commun, où l'intérêt religieux contristé, les intérêts alarmés, le sentiment national froissé et la liberté politique regrettée, pourront se donner la main et s'unir.

La France, sous le gouvernement de Juillet, s'était découragée de la liberté politique. L'exagération parlementaire, la fatale division des deux partis monarchiques et constitutionnels, la prépondérance trop exclusive de la classe moyenne et de la chambre élective, la manière étroite d'entendre et de pratiquer la liberté religieuse, toutes ces fautes dont la catastrophe de 1848 a été le résultat, avaient fait peu regretter la perte de la liberté. La France aujourd'hui y revient. Il devient clair pour tous les yeux, que si une tribune avait été ouverte et si la presse avait été libre, la guerre d'Italie contre l'Autriche, la guerre actuelle contre la Papauté, l'alliance avec l'Angleterre sanctionnée par le traité de commerce, la politique pleine de périls que l'on pratique, eussent été des choses impossibles. On commence à comprendre que le régime représentatif, s'il jette moins d'éclat, s'il favorise moins les émotions et la gloire, assure mieux la sécurité et la paix, et qu'à tout prendre il vaut mieux que la France *s'ennuie* quelques fois, que d'agiter sans cesse l'Europe et de l'effrayer toujours.

Je n'ai pas à examiner si cette situation est bonne pour la France, mais je demande si elle est bonne pour l'empire. Il n'est pas douteux qu'à l'aide de la politique extérieure et intérieure que signalent la lettre au Pape et la lettre au Ministre d'Etat, on court au-devant des coalitions extérieures, comme au-devant des coalitions intérieures, et qu'à moins d'ambitionner le titre et le rôle de *Monck involontaire* de la république ou de la monarchie, ce n'est pas ainsi qu'on se sauve, mais c'est ainsi qu'on se perd.

Le lecteur comprendra qu'en étudiant ici la situation

que la nouvelle politique impériale fait à l'empire, je ne me place pas au point de vue de mes sympathies personnelles, et de mes préférences politiques. Etranger à la France, je n'ai le droit que d'être spectateur impartial des événements. J'étudie le présent, sans jeter les yeux sur les lendemains. « Je crois, si l'Empire tombait, que son héritier « immédiat serait la Révolution; dès lors il ne m'est pas « permis, malgré mes vœux en faveur de la liberté poli- « tique et du gouvernement représentatif, de désirer que « la succession du second empire soit ouverte, au seul profit « de la Révolution. Mes prévisions sont donc plutôt des « craintes que des espérances. »

Cette profession de foi que je faisais il y un an, je la renouvelle aujourd'hui; seulement mes craintes sont plus vives et mes prévisions plus sombres.

J'ai dit tout à l'heure que l'Empire n'était plus une monarchie mais une démocratie. J'ajoute que ce ne peut être là qu'une transition, à moins que la France ne soit condamnée à une décadence. L'Empire, s'il doit durer, ne peut pas rester une démocratie nivelée; il doit créer des institutions vivantes, politiques et sociales, ayant de fortes racines, indépendantes et subsistant par elles-mêmes, s'échelonnant depuis la commune libre, jusqu'au trône entouré d'utiles résistances. L'Empereur ne peut pas plus rester, sans péril, un *empereur radical et démocratique* en France, qu'il ne peut devenir un empereur *révolutionnaire* en Europe.

Chaque nation, comme chaque individu, a une *constitution propre*, formée lentement par le travail des institutions et de son histoire. La monarchie était évidemment la constitution de la France, comme l'aristocratie est la constitution de l'Angleterre. Quand un peuple perd sa *Constitution*, ce n'est pas pour en trouver une autre, c'est pour entrer dans sa vieillesse et pour mourir.

La France, pour sortir de la révolution et de l'épreuve qu'elle traverse, doit revenir au principe de la monarchie, du gouvernement tempéré, vivant non pas de centralisation et de nivellement, mais d'institutions, d'autorité, de résistances, de contrôle et de liberté. Cette monarchie dont je parle, ne peut plus être l'ancienne monarchie dont les éléments ont été détruits par les mains de Richelieu, de Louis XIV, de la Révolution et de l'Empire; elle ne peut pas être davantage la *monarchie doctrinaire*, reposant sur la seule classe moyenne des grandes villes, établie sur le palier étroit du libéralisme de 1830, ayant contre elle ce que M. Royer Collard appelait *le feu d'en haut et le feu d'en bas;* il lui faut des assises plus larges, il faut qu'elle comprenne tous les éléments monarchiques que la France actuelle a conservés, tous les éléments nouveaux que le progrès moderne a formés, et qu'elle prépare les institutions qui sont l'œuvre du temps, des mœurs saines, de l'esprit religieux et de la sagesse des gouvernements (1).

(1) Le comte de Maistre, dans une lettre écrite à Mme la B^nne^ de P.... en 1802, exprimait sur le premier empire une pensée qui, du moins sous certains aspects, pourrait s'appliquer au second.

« Il n'y a, disait-il, qu'un usurpateur de génie qui ait la main assez ferme et même « assez dure pour exécuter cet ouvrage. Qu'aurait fait le roi au milieu de ces décom-« bres? Soit qu'il eût voulu transiger avec les préjugés ou les fouler aux pieds, ces « préjugés l'auraient de nouveau et irrévocablement détrôné. Laissez faire Napoléon. « Laissez-le frapper les français avec sa verge de fer; laissez-le emprisonner, dépor-« ter tout ce qui lui fait ombrage; laissez-le faire une majesté et des altesses impé-« riales, des maréchaux et des sénateurs. Alors, Madame, comment voulez-vous que « le peuple, tout sot qu'il est, n'ait pas l'esprit de se dire: il est donc vrai qu'une

L'avenir est à ce prix, et c'est mon espérance. Mais je n'espère que parce que je suis chrétien. Avant le Christianisme, un peuple qui, comme la France, aurait perdu ses institutions et sa constitution historique, était un peuple à son déclin, et aucune force n'était capable de le relever. Sous le Christianisme les nations *sont guérissables,* elles peuvent renaître; mais pour cela il faut qu'elles le veuillent. L'éternité n'a pas été promise aux nations, qui sont libres de choisir la voie qui mène au salut et celle qui conduit aux abîmes.

Pour renaître, pour remonter la pente qu'elle descend, la France, ou plutôt l'Europe, doit se retremper dans le principe chrétien, s'attacher à la main que l'Église universelle lui tend, briser avec le rationalisme qui la corrompt et avec la révolution qui l'égare.

Si au contraire elle s'éloigne dans les voies mauvaises, se courbe de plus en plus sous le niveau démocratique, laisse se dissoudre ce qui reste d'institutions, et périr le principe d'ordre et d'autorité déjà si compromis; si la décomposition des doctrines, des mœurs et des forces politiques s'achève, ah! ne songez plus à la liberté et au progrès ; c'est la fin qui

« grande nation ne peut pas être gouvernée en république! Il est donc vrai qu'il faut « nécessairement tomber sous un sceptre quelconque et obéir à celui-ci ou à celui-là. « Je reprends donc mon terrible dilemme : ou la maison de Bourbon est usée et « condamnée par un de ces jugements de la Providence dont il est impossible de se « rendre raison, et, dans ce cas, il est bon qu'une nouvelle race commence une suc- « cession légitime, celle-ci ou celle-là, n'importe à l'univers ; ou cette famille auguste « doit reprendre sa place, et rien ne peut lui être plus utile que l'accession passagère « de Bonaparte, qui rétablira toutes les bases de la monarchie, sans qu'il en coûte « la moindre défaveur au prince légitime. Je ne sais ce qui arrivera, mais je sais « bien que ceux qui disent, *c'est fini!* n'y entendent rien. »

arrive, et il faudra bénir tout bras assez fort pour maintenir l'ordre que comportera un pareil chaos.

Aux époques de décadence, on a les gouvernements des décadences. C'est tour à tour la révolution et la dictature, l'anarchie et la force, Catilina ou César ; l'anarchie, la république, la révolution, Catilina, quand le besoin de liberté renaît et domine ; la dictature, l'empire, les Césars, quand le besoin d'ordre prévaut.

Il ne faut plus songer, dans ces temps, aux constitutions durables, aux dynasties héréditaires et à la liberté politique. On a l'armée qui fait et défait les empereurs prétoriens, et le suffrage universel qui acclame des conventions, quand il est las des empereurs. Aux peuples arrivés là, il faut la gloire qui par intervalles les surexcite et les enivre, au sortir de l'anarchie qui les épuise ; il faut une politique retentissante et théâtrale; il faut la paix et les jouissances, les plaisirs et les intérêts, la bourse et l'opéra, *panem et circenses ;* pour les désennuyer et les distraire, il faut les empêcher de se ressouvenir.

Si ces temps d'épreuve étaient réservés à l'Europe vieillie, les esprits élevés, les caractères fermes, les âmes d'élite se réfugieraient dans l'Église chrétienne pour y retrouver cachées la liberté et la dignité humaine; et pendant qu'un Tacite chrétien jetterait son indignation sur cette pourriture, une société nouvelle, baptisée dans la foi, dans le sacrifice et la charité, se formerait lentement dans ses catacombes du dix-neuvième siècle, pour en sortir resplendissante de l'auréole du Christ.

CHAPITRE V.

LE CONGRÈS OU LA GUERRE.

Résumons la situation: La France impériale fait la guerre de Crimée contre la Russie qu'elle veut abaisser. Elle fonde avec l'Angleterre et l'Autriche l'alliance occidentale qu'elle domine par la fortune de ses armes et l'habileté de sa politique. Elle brise cette alliance au Congrès de Paris pour se rapprocher de la Russie et soulever la question italienne qui devait enfanter une nouvelle guerre. Elle fait la guerre d'Italie contre l'Autriche, contre le gré de l'Europe et sous les menaces de l'Angleterre et de l'Allemagne.

L'Angleterre qui, avant la guerre, avait défendu avec lord Derby le principe européen, le droit public, la foi due aux traités, reprend avec lord Palmerston sa politique de 1846 et de 1847, qui a tant servi à produire la révolution de 1848.

Napoléon III, pour déjouer cette politique qui soulevait la révolution derrière ses armées victorieuses, fait brusquement la paix de Villafranca avec l'Autriche. Cette paix pouvait être une grande page historique; elle pouvait satisfaire les espérances légitimes de l'Italie, déjouer les espérances de la Révolution, rester un beau succès militaire et devenir un succès politique. On commit la faute de livrer cette paix qu'il fallait dicter et imposer des hauteurs de Solferino, de la livrer aux intrigues du Piémont et à la politique de l'Angleterre. Le gouvernement britannique détacha la Sardaigne de l'empire, se mit à la tête du mouvement italien, sépara la Russie et la Prusse de la France, menaça celle-ci d'isolement dans le futur Congrès, rendit ce Congrès impossible, força Napoléon III d'abandonner la politique de Villafranca pour subir la sienne, de manquer à la parole impériale donnée à l'Autriche, à la Papauté et à l'Europe, de laisser déchirer toutes les pages du traité de Zurich, d'accepter l'alliance anglaise dans des conditions de suprématie pour la Grande Bretagne et d'y sacrifier l'intérêt religieux de la France catholique et l'intérêt protectionniste de la France industrielle, c'est-à-dire toute la politique extérieure et toute la politique intérieure qui jusqu'ici avaient dirigé l'empire.

Si je ne craignais de m'écarter du sujet que je traite, je montrerais la guerre d'Italie, qui a rendu la Révolution triomphante dans la Péninsule, réchauffant et rallumant l'idée révolutionnaire partout, en Hongrie où grondent les mécontentements et les passions, dans toute l'Allemagne où le parti de Gotha a relevé son drapeau à Eisenack, où la Prusse a repris ses convoitises politiques de 1849, où tout se divise et se dissout. Qu'on y regarde bien, et l'on se convaincra que la situation de l'Europe en 1848, la veille des explosions, est rétablie ou bien près de l'être.

Comment sortira-t-on de cette situation mauvaise pour la France et mauvaise pour l'Europe? Un Congrès apportera-t-il à toutes ces graves difficultés une solution pacifique, ou bien une troisième guerre, et cette fois une guerre générale, tranchera-t-elle avec l'épée les complications que les Gouvernements auront été impuissants à dénouer?

Nul n'oserait répondre, car cette réponse est dans la main des événements qu'on sème, et qui imposent *leur irrésistible logique et leur solidarité.*

Un Congrès pourrait tout sauver; mais un Congrès suppose l'accord des Puissances, l'abandon des haines qui aujourd'hui les séparent et que les deux guerres de Crimée et d'Italie ont enfantées; il suppose des principes généraux qui les dominent ou un grand intérêt qui les rallie.

Ces haines si habilement exploitées sont-elles éteintes? Ces principes et ces intérêts existent-ils? Cet accord peut-il être fait?

C'est une chose profondément triste à penser et à dire et qui vraiment effraie: Le plus grand danger que puisse peut-être courir à cette heure *l'intérêt de l'ordre et du droit* en Europe, c'est la réunion d'un Congrès, où la révolution trouverait dans les gouvernements divisés, passionnés et aveugles, des complices plus actifs et plus puissants que le parti révolutionnaire n'en rencontre dans ses propres rangs.

La révolution monte et se généralise; de locale, de française qu'elle était il y a soixante ans, elle est devenue universelle; elle remue les entrailles de toutes les nations; elle attaque tous les gouvernements et toutes les autorités, à commencer par l'autorité religieuse; elle mine le droit public européen et nie tous les principes conservateurs sur lesquels le monde moderne repose; elle proclame hautement sa formule anti-chrétienne et anti-sociale; elle menace et elle ébranle les fondements de tous les États. « L'Europe « est attaquée par tous les côtés à la fois: l'Europe des « traités, l'Europe de l'histoire se dissout; nous sommes « devant un inconnu que nul ne peut sonder du regard ni « de la pensée. Au dehors, dans les alliances et l'équilibre « général qui se rompt, désordre profond et anarchie po- « litique. Au dedans, décomposition sociale: les institutions « s'en vont comme *les dieux* eux-mêmes; les gouverne-

« ments représentatifs disparaissent dans les grands États; « les dictatures ne suffisent plus et les empires se suici- « dent. La Révolution s'avance, elle grandit de toutes les « défections et de toutes les complicités (1). »

En présence d'une pareille situation, il semble que les Gouvernements, *les directeurs* des nations, les prudents et les sages, devraient tenter d'opposer à cette marée montante la forte digue de leur entente et de leur unité.

C'est le contraire que nous voyons et je ne pense pas que l'histoire offre, à aucune de ses pages, un spectacle pareil à celui auquel nous assistons consternés. La destruction des traités, voyez comme on l'active; la dissolution de l'Europe historique, regardez comme chacun y concourt ; le renversement de l'ancien droit public auquel chaque puissance doit son existence et sa force, comme on y aide et comme on y applaudit. Au lieu des principes qui unissaient, on a les haines qui divisent : L'Autriche se réjouit de l'isolement et de l'affaiblissement de la Russie en 1854 ; la Russie, l'Angleterre et la Prusse laissent isoler et affaiblir l'Autriche en 1858; l'Angleterre et la Russie, se regardent comme trop éloignées du foyer révolutionnaire, l'une par la mer, l'autre par les espaces, pour ne pas être à l'abri du danger que court le reste de l'Europe; l'empire français pense qu'il est de sa politique de se servir de ces jalousies et de ces divisions pour renverser l'Europe de 1815 au profit de la France; tous se trompent, et personne ne s'aperçoit qu'une seule puissance se fortifie de ces défaillances et grandit de toutes ces chutes, c'est la puissance révolution-

(1) *Second Empire.*

naire, qui prépare bien des mécomptes à tous ces calculs et à ces lâchetés.

Avant le XVIe siècle, le principe chrétien dominait la politique ; il y avait *une Chrétienté.* Depuis trois siècles, on a substitué le principe d'équilibre au principe chrétien ; il y avait *une Europe.* Un grand principe conservateur unissait les puissances, un droit public traditionnel était la charte des nations et des gouvernements. L'alliance de 1815 semble avoir été le dernier acte de cette politique générale. Aujourd'hui il n'y a plus d'Europe ; les alliances ont fait place aux coalitions ; les principes sont abandonnés ou trahis ; *la politique utilitaire : chacun pour soi,* est le seul credo des Puissances qui répètent toutes le mot fatal de Louis XV : *cela durera bien autant que nous !*

Le Congrès, dans les conditions actuelles, serait donc divisé ; il serait révolutionnaire. Il serait appelé à approuver la dépossession des princes italiens, la spoliation d'une partie des États de l'Église déclarés neutres avant la guerre et inviolables depuis la paix ; il serait convoqué pour déclarer nul et irréalisable le traité de Zurich, signé par les deux puissances belligérantes, et auquel leur loyauté devait servir de contre-seing ; il apporterait la sanction européenne à la doctrine *du fait accompli,* au succès de l'intrigue piémontaise que la guerre a encouragée, à l'établissement d'un grand royaume d'Italie qui rompt l'équilibre de l'Europe et qu'aucune puissance ne voulait il y a quelques mois ; il consacrerait solennellement l'anéantissement des traités de 1815, *la revanche de Waterloo* qu'on aurait obtenue ; il proclamerait l'abandon de l'ancien droit public européen, auquel serait substitué un droit public nouveau qu'on appellera *le droit national* pour éviter de lui donner son vrai nom, *le droit révolutionnaire*, le droit donné à toute révolte de renverser tout gouvernement, *sans avoir besoin d'avoir raison.*

Si les faits créés par la guerre d'Italie doivent triompher, pendant quelques temps, il vaut mieux qu'ils triomphent par la force, en vertu d'un arrêt révolutionnaire de la révolte, qu'en vertu d'un arrêt diplomatique des Puissances. « Les victoires de la force, a dit M. Saint-Marc « Girardin, n'abaissent pas le vaincu ; elles lui laissent l'es- « pérance; les arrêts d'une justice incompétente abaissent « celui qui les accepte. »

« Un Roi, a dit le Cte de Maistre, un roi détrôné par une « délibération, par un jugement formel de ses collègues! « C'est une idée mille fois plus terrible que tout ce qu'on « a jamais débité à la tribune des Jacobins, car les Jaco- « bins faisaient leur métier; mais lorsque les principes « les plus sacrés sont attaqués par leurs défenseurs na- « turels, il faut prendre le deuil. »

Si le Congrès doit être ce que l'on annonce; si la moitié des puissances doit y protester contre les décisions de l'autre moitié qui ferait triompher le droit public révolutionnaire sur les ruines du droit public de l'Europe monarchique, il vaut mieux que ce congrès ne s'assemble pas, et qu'on épargne au monde ce spectacle et ce déshonneur.

Les Puissances le sentent bien, et c'est pour cela que nous voyons les Congrès annoncés se dissoudre avant d'être réunis. Le Congrès de Carlsruhe ne s'est pas ouvert avant la guerre d'Italie; le second Congrès de Paris que l'on attend, pourrait bien avoir le même sort. Je m'en réjouirais, parce qu'il vaut mieux que le Piémont garde toute entière la responsabilité de la révolution italienne qu'il a faite et dont il exploite les profits.

Et cependant ce Congrès que je regarde comme dangereux ou impossible dans la situation actuelle, pourrait sauver l'Europe, si les Puissances le voulaient; si les petites rancunes, les petites passions, les vues étroites, la politique utilitaire, faisaient place à la grande politique inspirée par les immenses dangers qui menacent, par l'intérêt général qui s'alarme, par le devoir qui commande et par les nécessités européennes qui exigent plus que jamais dans les gouvernements, l'intelligence supérieure et l'expérience consommée des hommes d'Etats. La situation est grande, les hommes ne peuvent pas être petits.

Un Congrès peut tout sauver; des solutions existent; mais on ne les trouvera pas dans la voie où l'on s'égare. Je n'ai pas la prétention de donner des conseils, et je sais d'ailleurs qu'ils ont, en ce moment, peu de chances d'être écoutés. Mais chacun a le devoir d'exprimer une pensée qu'il croit utile; c'est ce devoir que je remplis, en indiquant les conditions possibles du rétablissement de l'accord brisé entre les puissances.

La paix de Villafranca était une solution; j'en ai dit le sens et la portée; c'était la Confédération, au lieu d'un grand royaume sarde ou de l'unité Mazzinienne; le maintien des nationalités, au lieu de leur absorption par la Sardaigne; l'intégrité des Etats-romains conservée; l'Autriche restant, par la Vénétie, dans la confédération italienne, pour y présider avec la France, à la réorganisation de l'Italie.

On a laissé passer l'heure où cette paix pouvait être dictée et acceptée. Mais n'y a-t-il rien de mieux à faire que d'installer la domination du Piémont sur les débris des nationalités si vivaces de l'Italie centrale; d'assister à l'abaissement de la Papauté; de laisser déchirer un traité solennellement signé; d'abandonner à l'Angleterre les fruits de ses victoires et tous les intérêts de sa politique?

Je crois qu'il y a autre chose à faire, et que Napoléon III peut encore se dégager des événements qui l'enlacent, et les dominer.

La question italienne est insoluble, si on la renferme en Europe, si on veut n'y appliquer que les ressources que l'Europe possède, si on ne la rattache pas à la question d'Orient, pour y trouver les compensations que celle-ci contient.

Le Congrès de Paris de 1856 n'a été qu'un expédient. La solution apportée à la question des Principautés n'a contenté personne: ni les Roumains, ni la France qui voulaient l'union; ni l'Angleterre, ni la Turquie qui voulaient la séparation; elle n'a profité qu'à l'anarchie qui seule trône à Bucharest et à Jassy. La Russie a subi, mais n'a pas accepté la suppression de sa marine militaire dans la Mer Noire; elle a besoin de cette marine, comme de l'air pour respirer, et sans cette garantie, sans cette force, la conservation même de ses provinces caucasiennes est impossible. La France n'avait aucun intérêt à dicter une pareille condition qu'elle regrette, qu'elle déplorera un jour comme une faute, et qui n'a été qu'une concession faite à l'ambition maritime de l'Angleterre.

Le traité de Paris est donc à refaire; presque toutes les puissances ont intérêt à cette révision.

Le traité de Zurich est déchiré. L'Europe peut-elle consentir à voir M. de Cavour, sous la connivence de l'Angleterre, refaire seul la carte européenne en Italie, y créer une sixième grande puissance, y rompre l'équilibre général et y changer les conditions séculaires de la Papauté, et tout cela sans la sanction et le concours des Puissances qui ont signé les traités que l'on détruit?

Une pareille abdication serait plus qu'une faute, ce serait un crime politique; les faits qu'on laisserait se consommer ainsi en Italie, ne dureraient pas une heure; la révolution et la guerre éclateraient le lendemain.

Le Piémont, en possession de la Lombardie, des Duchés et de la Romagne, enivré d'un pareil triomphe, à la tête d'une armée considérable et qu'il croira invincible, renoncera-t-il à revendiquer Venise au nom de l'idée italienne, à inquiéter Rome dans l'Ombrie et les Marches, et à révolutionner Naples? L'Autriche, relevée de sa chute, impatiente d'une revanche à prendre, subira-t-elle du haut des remparts de Vérone et de Mantoue, les provocations piémontaises? La France, mécontente de l'agrandissement démesuré de la Sardaigne, qu'elle voulait empêcher, et inquiète de l'influence acquise en Italie par l'Angleterre, n'aura-t-elle pas la tentation de réparer cet échec politique? Une année ne se passerait pas sans qu'une guerre nouvelle ne sortît d'une pareille situation, et ne s'allumât pour embraser l'Europe.

Un Congrès est donc indispensable; mais pour qu'il ne soit pas un Congrès révolutionnaire, fatal et impossible; pour qu'il fasse une œuvre européenne et durable, il faut en élargir les bases, il faut soumettre à une révision non-seulement le traité de Zurich, mais le traité de Paris de 1856. J'espère convaincre ceux qui me lisent, que l'indépendance de l'Italie ne peut être achetée que par des compensations accordées à l'Autriche sur le Danube, et qu'on ne trouvera qu'en Orient les ressources et les moyens nécessaires pour résoudre la difficile question italienne, pour rétablir la bonne entente entre les Puissances et la sécurité de l'Europe.

Voici ma pensée; je la livre avec d'autant plus de confiance qu'elle n'est pas nouvelle, et qu'elle ne sort pas des réalités et des limites tracées par les événements:

L'Autriche renoncerait à la Vénétie qui ne sera plus pour elle, après la perte de la Lombardie, qu'un embarras financier et politique et une cause permanente de troubles et de guerres. L'Autriche ne doit tenir à la possession de Venise et du quadrilatère, que si elle croit pouvoir reprendre plus tard la Lombardie et son influence politique dans les Duchés. Elle pourrait conserver Vérone comme clef militaire du Tyrol et de la confédération germanique. Elle recevrait une compensation pécuniaire et territoriale; en échange de Milan et de Venise, elle obtiendrait les principautés danubiennes constituées en état séparé et uni, sous le gouvernement d'un archiduc et sous la suzeraineté de la maison de Habsbourg.

Le Piémont en obtenant Venise après avoir reçu Milan, en fondant un grand royaume dans l'Italie du Nord, de la Méditerranée à l'Adriatique, en dépassant ainsi toutes les espérances italiennes, renoncerait à ses vues sur l'Italie centrale, et la Romagne serait restituée au Pape. L'Italie toute entière serait rendue aux Italiens; les nationalités seraient respectées; les vœux réels de l'Italie seraient remplis; le programme de Napoléon III serait réalisé, et la grande difficulté religieuse et européenne que la question de la Papauté soulève, serait pacifiquement résolue.

D'un autre côté l'Autriche serait satisfaite, les Roumains

verraient leur désir d'union accompli, et l'empereur Napoléon aurait fait triompher sa politique dans les Principautés comme en Italie.

Le traité de Paris de 1856 ainsi modifié sur le Danube, le serait aussi dans la Mer Noire. L'interdiction relative à la marine russe, et à laquelle la Russie ne peut pas plus se soumettre que la France ne doit y tenir, cette interdiction injuste et impolitique serait levée.

Faudrait-il aller au-delà de cette solution qui satisfait à toutes les exigences de la question italienne? La France, en voyant de tels résultats sortir des deux guerres de Crimée et d'Italie, croirait-elle avoir le droit de réclamer des avantages en rapport avec le rôle qu'elle a joué? Napoléon III exigerait-il l'annexion de la Savoie à la France? Mais à cette concession accordée à la France sur les Alpes, l'Angleterre ne demanderait-elle pas une compensation dans la Méditerranée? Elle convoite Candie que l'anarchie dévore, et dont la population de race grecque et chrétienne est préparée à la domination anglaise. Une combinaison pareille devrait d'ailleurs avoir pour corollaires deux conditions : la première, c'est que la population savoisienne la ratifiât de sa formelle adhésion; la seconde, c'est que les traités de 1815 ainsi modifiés reçussent une nouvelle et solennelle consécration européenne, afin de fermer les issues à d'autres rêves d'agrandissement et d'ambition.

Dans un Congrès où cette pensée serait débattue, la France, la Russie, l'Autriche, le Piémont, Rome et Naples pourraient facilement s'entendre et s'unir. La Prusse restée neutre, est désintéressée, et aucune raison ne pourrait lui conseiller un dissentiment.

L'Angleterre n'aurait pas sans doute la position d'influence et de suprématie que les événements actuels semblent lui promettre ; elle devrait renoncer à sa politique révolutionnaire en Italie, et il faudrait s'en réjouir. Mais le gouvernement britannique doit désirer de voir l'Autriche, son soldat continental et plus encore son soldat oriental, se fortifier sur le Danube; cette force qu'il acquerrait compenserait bien la concession qui serait faite à la Russie dans la Mer Noire. Le grand royaume piémontais et libéral auquel lord Palmerston tient avant tout, serait constitué et livré à son influence; mais l'Angleterre n'a pas, à coup sûr, le droit d'exiger que l'Europe épouse et favorise ses haines contre Rome. Elle obtiendrait ce qu'elle poursuit vainement depuis 1814, le traité de commerce avec la France et le principe de la liberté commerciale accepté désormais par le Continent. Ce traité de commerce qui, imposé ou accepté, en apparence du moins, comme une concession faite à l'Angleterre, était un danger pour la politique impériale, pourrait devenir, à l'aide de la prudence et de la mesure, une source féconde de prospérité et de progrès.

Peut-être l'Autriche ne regarderait-elle pas les compensations danubiennes comme satisfaisantes, pour payer le sacrifice qu'elle consommerait en Italie. Peut-être craindra-t-elle que l'influence nouvelle acquise sur le Danube, ne profite moins à Vienne qu'à la Hongrie, dont les tentations d'indépendance et de séparation seraient ainsi encouragées et excitées. Peut-être encore redoutera-t-elle d'affaiblir l'unité religieuse et catholique de l'empire ausonien, par l'adjonction de quelques millions de Schismatiques.

Ces objections ne devraient pas arrêter un seul instant le cabinet de Vienne; elles ne tiennent ni devant les faits ni devant l'histoire.

Si les Principautés échappent à l'influence autrichienne, c'est évidemment pour tomber tôt ou tard sous l'influence russe qui ne tarderait pas à entamer les populations roumaines de la Transilvanie et de la Hongrie. La possession des Principautés est donc peut-être la condition du maintien de l'influence autrichienne dans les contrées transylvaniennes et hongroises.

L'objection religieuse paraît plus grave, mais je suis convaincu que loin d'affaiblir son unité religieuse et politique, l'Autriche la fortifierait. Les Roumains sont de race latine et non de race slave, comme les Bulgares ; leur affinité d'origine les porte donc bien plus vers Rome et Vienne que vers St-Petersbourg. « Comme puissance catholique, « l'Autriche pénétrerait à travers l'Eglise Photienne, la « séparerait en deux fractions, l'une Russe l'autre Grecque, « et à l'aide de la liberté seule, laissant à chaque parti sa « force propre et son activité de propagande, elle verrait « bientôt l'unité religieuse préparer l'unité sociale et poli« tique(1). »

L'Autriche et la Russie ont commis, en 1814, la même faute, l'une en Italie et l'autre en Pologne. Elles sont toutes les deux des puissances orientales ; leurs destinées sont de ce côté. Elles se sont trop laissé distraire de leur politique orientale par leurs convoitises européennes, ou plutôt elles ont divisé et éparpillé des forces qu'elles devaient concentrer.

L'Europe de 1815 a ses côtés faibles comme toutes les œuvres du temps et des hommes. Les deux côtés par lesquels elle boîte et elle penche, c'est la Pologne et c'est l'Italie.

(1) *Journal de Bruxelles.*

La question polonaise a été, au Congrès de Vienne, l'une des plus agitées. On connaît les projets généreux qu'Alexandre 1er avait conçus et que le temps n'a pas confirmés. Le problème de la Pologne n'est pas résolu; il pèse toujours sur la conscience inquiète de l'Europe. Il sera soulevé à son heure, comme vient de l'être celui de l'Italie.

Renfermées en Europe, ces difficultés n'ont pas d'autres solutions que la guerre; abandonnées par les gouvernements, elles deviennent la proie de la Révolution. C'est en Orient qu'il faut aller les dénouer. Les deux puissances les plus intéressées dans les questions italienne et polonaise, l'Autriche et la Russie, sont précisément celles qui trouvent dans la Mer Noire et sur le Danube, d'utiles dédommagements à de nécessaires sacrifices.

La Russie a commis une faute en faisant avancer sa politique en même temps vers Constantinople et vers Varsovie. Elle a reculé d'un côté sans avancer de l'autre.

L'Autriche a commis la même faute. Je comprends l'intérêt qu'elle a d'être fortement gardée du côté de l'Italie. Mais elle a exagéré sa politique italienne, elle y a sacrifié sa politique en Orient, aboutissant ainsi à un double échec: échec sur le Danube, au Congrès de Paris, échec en Italie, dans la guerre qui vient de finir.

Le traité d'Utrecht avait donné à l'Autriche, Naples et la Sicile, Milan et la Belgique. A la paix de Passarowitz, elle obtint une partie de la Valachie, de la Servie, de la Bosnie et du Bannat. Elle accepta des mains de Frédéric II le dangereux présent d'un débris de la Pologne.

Depuis près de deux siècles, elle s'est épuisée en difficiles négociations et en longues guerres, pour conserver à la fois ses possessions éparses, que les résistances nationales rendaient peu sûres, et que presque toutes elle a tour à tour abandonnées en s'affaiblissant.

Charles VI, Marie Thérèse et Joseph II poursuivirent constamment le but de donner le Danube et le Dniester comme limites à l'empire; mais les guerres d'Italie, les embarras en Pologne et les troubles de la Belgique, vinrent distraire l'Autriche de sa mission orientale. En voulant retenir les possessions placées hors de la portée de sa main et de son action, elle laissa échapper celles qu'il lui importait le plus de conserver. Pendant que la Russie s'emparait de la Crimée et que la France lui enlevait la Lorraine, elle perdait les Principautés, Naples, la Sicile et la Belgique, et ne conservait que Milan. Elle perdit l'Italie sous la république et sous le premier empire, la recouvra en 1815, et le second empire vient de nouveau de la lui enlever.

L'Autriche n'a pas toujours considéré la Lombardie-Vénitienne comme une possession essentielle à la sécurité de l'empire. Le Duc Jean, en 1809, déclarait, au nom de l'empereur François, *qu'il n'entrait pas en Italie dans un esprit de conquête, mais pour l'affranchir*. Le Prince de Metternich, en 1813, fit proposer, à Verone, au Prince Eugéne Beauharnais, de le reconnaître comme roi d'Italie. En 1814, l'Autriche songeait peu à reconquérir Milan et à s'emparer de Venise. En 1848, il y eut une heure où l'Autriche, sollicitée par Pie IX et les événements, crut pouvoir proposer à Londres l'indépendance de la Lombardie et un gouvernement séparé pour la Vénétie; ce fut Milan ou plutôt lord Palmerston qui refusa.

Pourquoi les promesses de 1809, les propositions de 1813, les vues de 1814 et les concessions de 1848, seraient-elles devenues impossibles aujourd'hui, sous la condition des compensations à obtenir dans les Principautés? L'Italie a été, pour l'Autriche, plus souvent un embarras qu'une force, et je pense que c'est le long de son grand fleuve que cet empire doit acquérir l'homogénéité dont il a besoin.

L'idée de donner à l'Autriche, sur le Danube, des compensations territoriales pour les sacrifices qu'elle accepterait en Italie, n'est pas nouvelle. Elle a occupé plus d'une fois la pensée sérieuse de Napoléon Ier. Ce plan de pacification générale qui, selon M. Mignet, *aurait fondé une paix durable*, M. de Talleyrand le proposa deux fois à l'Empereur, une fois après la victoire d'Ulm et une autre fois après celle d'Austerlitz.

L'Autriche était vaincue, et c'est dans ce moment même que Talleyrand voulait non pas l'affaiblir, mais l'agrandir. « L'existence de cette monarchie dans sa masse, disait-il, « est indispensable au salut futur des nations civilisées. « Exposant ses vues à l'Empereur, il se demandait quel « était le nouveau système de rapports qui, supprimant « tout principe de mésintelligence entre la France et l'Au- « triche, séparerait les intérêts de l'Autriche de ceux de « l'Angleterre, les mettrait en opposition avec ceux de la « Russie, et, par cette apposition, garantirait l'empire ot- « toman et fonderait un nouvel équilibre européen. Telle « était la position du problème. Voici quelle en était la « solution. Il proposait d'éloigner l'Autriche de l'Italie en « lui ôtant l'état Vénitien constitué en république; de la « Suisse en lui ôtant le Tyrol; de l'Allemagne méridionale « en lui ôtant ses possessions de Souabe.

« Après avoir dépouillé l'Autriche sur un point, il l'agran- « dissait sur un autre, et lui donnait des compensations « territoriales proportionnées à ses pertes. Où étaient pla-

« cées ces compensations? Dans la vallée du Danube, qui « est le grand fleuve autrichien. Elles consistaient dans la « Valachie, la Moldavie, la Bessarabie, et la partie septen- « trionale de la Bulgarie. Par là, disait-il en concluant, les « Allemands seraient pour toujours exclus de l'Italie, et les « guerres, que leurs prétentions sur ce beau pays avaient « entretenues pendant tant de siècles, se trouveraient à « jamais éteintes; l'Autriche possédant tout le cours du « Danube et une partie des côtes de la Mer Noire, serait voi- « sine de la Russie et dès lors sa rivale; serait éloignée de « la France et dès lors son alliée; l'empire ottoman achète- « rait, par le sacrifice utile de provinces que les Russes « avaient déjà envahies, sa sûreté et un long avenir(1). »

Les Principautés danubiennes ont donc servi tour à tour la politique opposée que Napoléon 1er a suivie à l'égard de la Russie et de l'Autriche; elles ont été et paraissent devoir rester l'enjeu des alliances. Dans les entrevues de Tilsitt et d'Erfurt, c'est à la Russie qu'on les offre; après Ulm et Austerlitz, c'est à l'Autriche que le prince de Talleyrand propose de les céder.

Cette pensée du prince de Talleyrand est celle des patriotes italiens les plus intelligents, de ceux qui veulent fonder l'indépendance de l'Italie sur le catholicisme et la Papauté et non sur les sociétés secrètes et la Révolution; sur la transaction avec les puissances et avec l'Autriche, et non sur la guerre; sur l'alliance de la liberté et de la religion, et non sur cette politique piémontaise qui essaie de régénérer l'Italie en la décatholisant.

Voici comment le comte Balbo dans son livre *Della Spe-*

(1) Résumé fait par M. Mignot du mémoire de M. de Talleyrand. — *Notice historique* sur la vie et les travaux de M. le Prince de Talleyrand.

ranza d'Italia, a exposé les espérances du parti modéré, dont il était le chef respecté : Il ne veut pas non plus que l'Autriche soit affaiblie. « Il est, dit-il, dans l'intérêt italien, comme « dans l'intérêt universel de la chrétienté que l'Autriche « s'agrandisse, parce que l'Autriche, sauvegarde et palla- « dium de l'Europe dans le présent, le serait bien davantage « encore dans l'avenir.

« Employez courageusement, ajoute-t-il, à votre régéné- « ration morale, le temps que Dieu a marqué encore d'ici à « votre régénération politique. Plus de sociétés secrètes, « plus de passions farouches, plus de poignards éguisés « dans l'ombre ; mais des mœurs viriles, l'étude et les « rigoureux labeurs qui préparent, qui justifient et qui « seuls conquièrent aux grandes nations les grands rôles. « L'Europe, tôt ou tard, sera conduite à remanier sa con- « stitution territoriale. Les traités de 1815 ont créé plu- « sieurs anomalies, plusieurs antipathies, qui forcément se « feront jour dans le conseil des peuples et des rois. *L'Is-* « *lamisme s'écroule. L'Autriche, notre séculaire ennemie,* « *sera convoquée à ses funérailles ; c'est alors que le jour de* « *notre délivrance aura lieu ; c'est alors que sans violence, en* « *donnant carrière aux plus vastes ambitions, en ouvrant* « *d'un consentement général, des perspectives qui satisferont* « *à la fois l'orgueil et la convoitise, c'est alors que la pacifi-* « *cation de l'Europe deviendra en même temps la victoire et le* « *développement du Christianisme dans le monde entier.* « Voilà, s'écriait le comte Balbo, voilà le jour qu'il faut « savoir attendre et mériter. »

Nous ne sommes pas encore au jour où l'Europe sera convoquée aux funérailles de l'Islamisme, et la question redoutable de l'Orient devant laquelle les Puissances reculent depuis un siècle, n'est peut-être pas à la veille d'être soulevée toute entière.

Cependant elle nous presse et nous menace, et l'Europe ne doit pas se laisser surprendre. On peut prévoir dès à présent, que les grands événements de l'avenir, auront le Bosphore, la Méditerranée et l'Asie toute entière pour théâtre. C'est là que les questions européennes se videront, que l'Europe trouvera les moyens de rétablir l'équilibre politique prêt à se rompre ici, et des courants pour les orages qui grondent dans son sein. Napoléon Ier dans son testament politique de Ste Hélène, dicté à Montholon, le 17 avril 1817, écrivait ceci : « Ce n'est plus dans le nord que « se résoudront les graves questions, c'est dans la Médi-« terranée ; là il y a de quoi contenter toutes les ambitions « des puissances, et avec des lambeaux de terres sauvages « on peut acheter le bonheur des peuples civilisés. Que les « rois se rendent à la raison, il n'y aura plus en Europe de « matière à entretenir les haines internationales. »

Ces paroles sont d'une justesse remarquable. La question orientale existe; tous les jours elle s'aggrave; elle ne se résoudra pas toute seule, et si la diplomatie prévoyante ne parvient pas à la délier pacifiquement, la guerre, une guerre longue, sanglante et européenne, se chargera de la trancher.

Je voudrais, aujourd'hui que cette question n'a pas encore éclaté, que la diplomatie en prévînt l'explosion, et l'étudiât dans les conditions actuelles et limitées, posées par les événements et que tout à l'heure j'ai indiqués.

II

LA GUERRE.

Si on reste enfermé dans la question italienne, si on n'y rattache pas la question des principautés et de la Mer Noire, si on ne soumet pas à une révision simultanée les traités de Paris et de Zurich, le Congrès est impossible ou il sera révolutionnaire, les puissances resteront divisées et impuissantes, la révolution seule sera chargée de tout résoudre, c'est-à-dire de tout gâter et de tout compromettre, et une guerre inévitable naîtra d'une situation qui ne sera tolérable pour personne.

Les guerres sont le résultat de solutions fausses et de situations mauvaises. Si la question italienne est livrée aux mains du Piémont, ou bien si elle est résolue par un Congrès révolutionnaire, donnant sa solennelle sanction à la ruine du droit public européen, jamais solution plus fausse n'aura été donnée à un problème politique, jamais situation plus mauvaise n'aura été créée pour l'Europe. Il est certain que le châtiment providentiel suivrait de près le crime politique.

La haine de la Russie contre l'Autriche, après la guerre de Crimée, a enfanté la guerre d'Italie. L'attitude de la Russie a tenu en échec la Prusse et l'Angleterre, a isolé l'Autriche et rendu cette guerre possible.

Comptez les haines fécondes que la guerre d'Italie a créées à son tour, et les représailles que cette situation doit inévitablement produire.

La Russie se croyait l'alliée de la France au Congrès de Paris et à Stuttgardt. Elle avait aidé à susciter la guerre d'Italie contre l'Autriche dont elle se vengeait; elle croyait avoir séparé la France de l'Angleterre et préparé ainsi une revanche prochaine en Orient; elle avait dissous l'alliance occidentale formée contre elle.

La Russie voit aujourd'hui l'alliance de l'Angleterre et de la France reconstituée et tous ses plans détruits. Déjà elle s'est rapprochée de la Prusse à Breslau. Elle a à choisir entre sa haine contre l'Autriche qui est satisfaite, et celle contre l'Angleterre qui ne l'est pas. Elle n'a pas oublié que l'Angleterre voulait continuer la guerre de Crimée et la porter dans la Baltique. Elle sait que l'Angleterre est sa séculaire rivale en Orient, depuis la Mer Noire, le Bosphore et la Perse, jusqu'à l'extrême Asie. Elle n'a pas pardonné à Napoléon III d'avoir fait, à son insu et contre son gré, la paix de Villafranca avec l'Autriche; mais elle lui pardonnera bien moins d'avoir conclu avec l'Angleterre une alliance qui contrarie tous ses desseins.

L'Autriche trahie par l'Angleterre pendant la guerre et croyant l'être par la France depuis la paix, menacée du côté de la Hongrie que l'attitude de la Russie peut soulever ou calmer, se recueille, panse ses plaies financières et politiques, et regarde de quel côté se trouvent ses destinées. Elle peut choisir entre deux voies: accrocher misérablement son navire démâté à l'alliance anglo-française, ou bien se rapprocher de la Russie et se fortifier en Allemagne.

La Prusse se souvient que l'Angleterre l'a abandonnée, en 1848, dans la question allemande; qu'elle l'a abandonnée depuis dans les questions du Holstein et de Neufchâtel; elle sait que l'Angleterre l'aurait abandonnée sur le Rhin, si Napoléon III avait réalisé sa menace de porter la guerre de l'Adige sur le fleuve allemand; elle peut craindre que sous l'alliance actuelle de l'Angleterre et de la France, se cache quelque trahison inattendue; elle peut suivre déjà la main qui cherche à dissoudre la confédération germanique; elle n'ignore pas quelle est la puissance des traditions impériales relativement aux *frontières naturelles* de la France.

En regardant au fond de la situation actuelle et des intérêts qui s'y agitent, on y voit distinctement se reformer l'alliance des puissances du Nord, en face de l'alliance anglo-française.

L'alliance de la France et de l'Angleterre a été longtemps la condition et le gage de la paix générale et de la sécurité de l'Europe. Elle pourrait l'être encore; j'en ai rappelé l'histoire et les avantages(1), mais en insistant sur la nécessité, pour demeurer cette condition et ce gage, de voir cette alliance soudée à l'alliance autrichienne, sans laquelle « la France est toujours menacée d'isolement et d'abandon. »

L'alliance entre la France et l'Angleterre, telle qu'elle se fait sous nos yeux, apporte-t-elle la sécurité européenne ou au contraire ne la menace-t-elle pas?

J'ai constaté, en étudiant les phases de la lutte diplomatique engagée entre l'Angleterre et la France depuis la guerre jusqu'aujourd'hui, que le triomphe de la politique anglaise avait couronné cette lutte.

J'ai rappelé les faits qui démontrent que la France n'est pas à la tête d'une alliance offerte par elle, mais qu'elle se trouve à la suite d'une alliance qu'elle accepte ou plutôt qu'elle subit.

La France paraît avoir la conscience de cette posi-

(1) Le *Second Empire*, page 26.

tion qui est loin d'être une garantie de sécurité générale; et s'il est vrai que« l'Europe n'est tranquille que lorsque la France est satisfaite, » cette tranquillité n'a jamais été moins certaine.

L'alliance anglaise, c'est la paix, à la condition du renoncement de la France, non-seulement à tout agrandissement territorial, mais à tout accroissement d'influence politique; c'est le *statu quo* dont l'Angleterre garde les clefs; c'est la politique que le gouvernement Britannique n'est pas toujours parvenu à imposer au gouvernement de Juillet, et dont Napoléon III se vantait d'avoir délivré la France.

Quelqu'un croit-il que la politique impériale s'accommodera des conditions d'une pareille alliance; que l'affaiblissement extérieur et les embarras intérieurs nés de cette situation, permettront à Napoléon III de longtemps s'y soumettre? Pour supposer que l'entente cordiale pût devenir une alliance sincère et durable, il faudrait admettre l'existence en faveur de la France, de clauses secrètes servant de compensations au sacrifice imposé par l'abandon du traité de Zurich et de la politique intérieure qui avait fait la force de l'empire; il faudrait qu'au lieu de la petite alliance du statu quo, Lord Cowley eût accepté une grande alliance politique, portant dans ses flancs la question orientale et celle du Rhin; il serait nécessaire de croire que la conversation *sur l'homme malade,* entre le Czar Nicolas et Sir Hamilton Seymour, interrompue à St-Petersbourg en 1853, eût été reprise à Londres entre M. de Persigny et lord Palmerston.

Je suis disposé à croire beaucoup de choses venant de lord Palmerston, mais j'avoue que je ne puis aller jusqu'à l'hypothèse que je viens de poser. En tout cas, ce ne serait pas la paix européenne qu'assurerait l'alliance anglaise faite dans de pareilles conditions, ce serait une guerre dont il serait impossible de prévoir l'étendue et la durée.

Si, au contraire, il ne s'agit que de la petite alliance reposant sur la *non-intervention,* l'abstention et la neutralité, comme l'autorisent à croire la froideur du discours de la reine d'Angleterre, les réserves hostiles de lord Palmerston à l'égard de la question romaine, et celles de lord Granville à l'égard de la question de Nice et de la Savoie; si c'est la situation extérieure de 1830 à 1848 que l'on refait, il ne faut pas être prophète pour prédire qu'il se passera peu de mois avant que Napoléon III, pour sortir des embarras sans nombre de cette politique, et pour guérir l'*ennui de la France,* se croira forcé de se jeter dans une guerre nouvelle, et de noyer les fautes politiques dans la gloire militaire.

Quelle sera cette guerre? La plus près de nous, celle que la révolution italienne et M. de Cavour veulent allumer, c'est une nouvelle guerre contre l'Autriche dans la Vénétie. On prête à Victor-Emmanuel un mot prononcé après la paix de Villafranca: « Ce sera un drame en deux actes. » Tentera-t-on d'ouvrir ce second acte au printemps prochain? Napoléon III suivra-t-il une seconde fois le Piémont en Italie, pour y réaliser son programme jusqu'à l'Adriatique? La cession de la Vénétie au Piémont, est-elle la condition secrète de la cession de la Savoie à la France? L'Angleterre consentira-t-elle à cette cession, en oubliant son principe de non-intervention? La Prusse et l'Allemagne resteront-elles de nouveau l'arme au bras sur le Rhin, en laissant intervenir la France, abattre l'Autriche, renverser les portes de la confédération germanique élevées sur le Mincio et l'Adige? Si elles ne le permettent pas, si elles déclarent à la France que son intervention déterminera la leur, c'est la guerre européenne.

D'autres hypothèses se présentent. Napoléon III a deux guerres populaires à faire: celle sur le Rhin; c'est celle qui serait acclamée par le chauvinisme français; celle contre l'Angleterre, et c'est dans la Méditerranée et en Orient où se trouve le cœur de l'Anglerre, que cette guerre serait nécessairement portée. J'ai rappelé le mot de Napoléon I à Ste-Hélène : *Ce n'est plus dans le Nord que se résoudront les graves questions, c'est dans la Méditerranée.* Ce mot est profondément vrai. Les limites naturelles du Rhin ne sont plus qu'un déplorable anachronisme. La France, pour y arriver, rencontrerait des nationalités qu'il faudrait violemment détruire, les vœux hostiles des populations qu'il faudrait méconnaître, au mépris du principe qu'on arbore aujourd'hui en Italie; elle serait bientôt en face d'une nouvelle coalition.

L'Empereur peut se trouver un jour placé entre ces deux grandes tentations: le Rhin ou l'Orient. Vers laquelle penchera-t-il? Parviendra-t-il à isoler la Prusse, comme il a isolé la Russie en 1854 et l'Autriche en 1858? L'Autriche reprendrait-t-elle l'attitude de neutralité que la Prusse a gardée pendant la guerre d'Italie, et laisserait-elle se briser définitivement la confédération germanique? La Russie laisserait-elle faire? L'Angleterre resterait-elle la complice de tous les attentats contre l'Europe? Ou bien, l'Angleterre ayant amassé contre elle les représailles de toutes les puissances qu'elle aura successivement trahies, se trouvera-t-elle isolée, le jour où la question orientale serait enfin définitivement soulevée sans elle et contre elle? Ou bien encore, verrait-on les puissances, auxquelles les leçons des événements auraient enfin servi, se réunir contre le danger qui tour à tour les menace et les frappe, et la *coalition des quatre contre un* prédite par M. Guizot en 1847, se reformer contre le second empire?

Nul ne peut prévoir et ne saurait répondre. Une éventualité foudroyante peut se produire demain, la chute du ministère de lord Palmerston. Cette chute renverserait après elle tout l'échafaudage d'une politique au succès de laquelle on a tout sacrifié. Ce qui me paraît certain, c'est que l'on est placé sur une pente où l'irrésistible logique des faits entraîne; c'est que les événements ont leur solidarité à laquelle il est difficile d'échapper; c'est que les guerres enfantent les guerres; c'est que les principes mauvais et révolutionnaires produisent des situations mauvaises et révolutionnaires, et que cette politique ne peut amener que la plus profonde perturbation européenne, à laquelle le monde aura assisté depuis longtemps.

Au moment où j'écris ces lignes, Napoléon III semble reculer devant les immenses difficultés que l'alliance avec l'Angleterre et le Piémont, élève devant lui. Il s'arrête et regarde. S'arrête-t-il, pour changer de voie, pour revenir vers les idées de Villafranca auxquelles il ramènerait la Prusse et la Russie? Il faut l'espérer. Ou bien, s'arrête-t-il, le cœur gros de colères, pour venger ses mécomptes politiques? Il faut le craindre.

CHAPITRE VI.

LE CÔTÉ RELIGIEUX DES ÉVÉNEMENTS POLITIQUES. LA PAPAUTÉ ET L'ORIENT.

Dans les chapitres précédents, j'ai étudié principalement le côté politique des événements : la guerre d'Italie, la paix de Zurich, la situation extérieure, la situation intérieure, le Congrès et les chances de guerre générale. Cependant j'ai rencontré à toutes les pages, à la base des alliances et des situations, et au fond de tous les problèmes la question religieuse, les deux symboles qui se disputent les intelligences et les âmes, les deux seules Eglises qui prétendent à l'universalité, Rome et la Révolution.

Le siècle avait cru un moment conquérir l'indifférence, et jamais la foi n'a été aussi active ni aussi féconde, jamais les haines anti-chrétiennes n'ont été aussi menaçantes. On avait cru avoir *sécularisé* les institutions et les chartes, et créé une société toute politique, toute laïque, toute entière livrée au progrès matériel; et voilà que le problème religieux, que la liberté religieuse, que l'influence religieuse remue dans leurs entrailles les institutions, les chartes, la politique et la société : *mens agitat molem!*

Les gouvernements s'y sont trompés, et c'est pour ne pas avoir assez aperçu le côté religieux, le grand côté de la situation politique, que nous les voyons s'égarer dans le labyrinthe des fautes et des expédients sans issue.

On s'était bien promis d'abord, en soulevant la question italienne, de ne pas soulever la question de la Papauté; la Révolution et l'Angleterre ne l'ont pas permis. Lorsqu'on s'est vu enveloppé par les difficultés et les impossibilités que la question italienne avait créées, on a cru pouvoir sans trop de périls rejeter une partie de ces difficultés sur les épaules du Pape, apaiser ou distraire lord Palmerston et le comte de Cavour en leur donnant l'os des Romagnes à dévorer; on a pensé qu'en faisant de la Papauté la *soupape de la politique*, on rendrait possible l'établissement d'un *royaume d'Etrurie* dans l'Italie centrale, qu'on empêcherait l'agrandissement démesuré de la Sardaigne, qu'on satisferait l'Autriche, qu'on rallierait les Puissances, et que le saint et doux Pontife Pie IX, isolé, abandonné, accoutumé aux sacrifices, se résignerait à conserver, sans protester, la portion de ses états qu'on lui laisserait, à accepter le salaire et l'aumône qu'on lui jetterait, en n'opposant tout au plus aux conseils de l'Empire que des murmures impuissants et inécoutés.

Or, voyez ce qui arrive : on ne croyait toucher qu'à Bologne, et c'est Rome que l'on atteint ; on ne voulait détacher qu'une seule pierre de l'Eglise, et c'est l'édifice européen tout entier qu'on ébranle ; on pensait ne sacrifier que le faible souverain d'un petit état d'Italie, sans trésor et sans armée, livré depuis six mois à la risée de la foule, aux moqueries des antichambres et aux insultes des valets ; et l'on oubliait que ce faible souverain était le Pontife, le Roi et le Père de deux cents millions d'hommes qui, sous toutes les latitudes, se lèvent à sa voix, qui forment de grands empires et de grands royaumes catholiques, et de puissantes minorités dans les états protestants, qui font pencher la politique du côté où ils portent leur poids et laissent sans appui les dynasties qu'ils abandonnent. La petite question des Romagnes que l'on croyait releguée à l'arrière plan de la politique, est devenue la grande, l'universelle question, prenant des proportions inattendues qui étonnent et effraient les diplomates et les sages, dominant toutes les autres, remuant tous les esprits et toutes les consciences, soulevant l'inquiétude et les alarmes des deux mondes.

« Une pierre, dit l'Ecriture, fut détachée de la montagne « sans la main d'aucun homme, et frappant la statue à ses « pieds d'argile et de fer, elle les mit en pièces. Alors le

« fer, l'argile, l'airain, l'argent et l'or se brisèrent tout « ensemble, et devinrent comme la menue paille que le « vent emporte hors de l'aire pendant l'été... Mais la « pierre qui avait frappé la statue devint une grande « montagne qui remplit toute la terre (1). »

Cette magnifique figure que Daniel nous présente des empires aux pieds de fer et d'argile, et de l'Eglise, cette petite pierre détachée de la montagne sans la main d'aucun homme, qui brise ces empires et devient une grande montagne remplissant toute la terre, cette figure convient à tous les siècles et doit rester pour tous les chrétiens une espérance dans les épreuves, et un enseignement pour tous les orgueils.

Les Politiques sourient volontiers quand on parle du côté religieux des événements. Ce sourire est plein d'ignorance et les faits actuels le font bien voir.

Sans remonter aux grandes invasions, aux Barbares que l'Eglise baptise, au moyen-âge dominé tout entier par la lutte entre le sacerdoce et l'empire, et par celle non moins gigantesque engagée par les croisades entre l'Islamisme et l'Eglise chrétienne; sans reculer jusqu'à ce grand déchirement politique et religieux de l'Europe au XVIe siècle, à ces guerres religieuses qui ont ensanglanté les deux siècles qui ont suivi Luther, à cette guerre universelle contre l'Eglise chrétienne qu'organisa le XVIIIe siècle « dont les doctrines philosophiques se sont « attaquées avec fureur à l'Eglise, à son clergé, à ses « institutions, à ses dogmes, aux fondements mêmes du christianisme (2); » sans retourner à cette révolution française que De Maistre a appelée *satanique* et dont M. Tocqueville a dit

(1) *Daniel*, 2. — (2) Tocqueville : de l'ancien régime.

que « des passions qui en sont nées, la première allumée et « la dernière éteinte a été la passion irréligieuse ; » sans recourir à ce passé, regardez ce qui a surnagé au-dessus des flots des événements depuis soixante-dix ans, et vous découvrirez partout la question religieuse, maîtresse de la politique et de l'opinion. Le premier empire n'est-il pas plein de la question catholique depuis le concordat, le concile de 1811, jusqu'à la captivité de Fontainebleau? Napoléon III n'a-t-il pas reconnu que l'une des deux fautes sur lesquelles le premier empire s'est brisé, *est la rupture avec Rome* (1)? La dernière pensée de l'Empereur, dans son testament de Ste Hélène, n'a-t-elle pas été cette parole remarquable et qu'il faudrait ne pas oublier : *les idées religieuses ont plus d'empire que ne le croient certains philosophes bornés..... en étant bien avec le Pape, on domine encore aujourd'hui la conscience de cent millions d'hommes?*

La restauration, du commencement à la fin, s'agite dans des luttes politiques maintenues sur le terrain religieux, et tombe sur cet écueil. La faute du Gouvernement de Juillet, est d'avoir laissé dans l'indifférence ou l'hostilité le clergé français, auquel on refusait la liberté religieuse de l'enseignement; d'avoir méconnu la puissance de l'élément catholique en France et les ressources immenses que cette puissance pouvait offrir au jour du danger public; M. Guizot l'a noblement reconnu. La révolution de 1848 commence à la bataille livrée par le socialisme à tous les principes de la société chrétienne, et finit à la liberté d'enseignement que l'on accorde et à la délivrance de la Papauté obtenue par une armée française. Le second empire arbore le drapeau catho-

(1) Paroles de Napoléon III à M. le Cte de Montalembert.

lique à l'intérieur, dirige la guerre d'Orient au nom de l'intérêt religieux, envoie ses flottes en Chine pour *réclamer le sang des missionnaires* (1), soulève la question italienne, en se promettant de ne pas se séparer de Rome et pour placer le Pape au sommet de la confédération, puis épouse la politique révolutionnaire et anti-catholique du Piémont, se laisse entraîner à consommer avec Rome cette rupture qu'il avait juré d'éviter comme la faute capitale à commettre, et voit cette petite pierre détachée de la montagne briser les pieds d'argile et de fer de toute sa politique intérieure et extérieure.

La question religieuse n'est-elle pas partout, à la base et au sommet de toutes les questions politiques ? Ne domine-t-elle pas les deux grandes difficultés devant lesquelles les Puissances délibèrent et se troublent et l'Europe hésite et s'alarme : Rome et l'Orient?

Le comte de Ficquelmont a publié un livre remarquable sur le *côté religieux de la question d'orient*. Il rappelle que la guerre de Crimée a dû son origine à la rivalité des catholiques et des grecs dans les lieux Saints ; c'est la France qui l'a posée. La Russie posa à l'instant même le problème de la délivrance des chrétiens, et son droit de protectorat sur les grecs dans l'empire ottoman ; l'empereur Nicolas déclara, par son manifeste, qu'il voulait donner à cette guerre *le caractère d'une guerre de religion.*

Le comte de Ficquelmont montre très-bien le but contradictoire que les Puissances ont poursuivi dans la lutte orientale : maintenir l'intégrité de l'empire ottoman et obtenir la délivrance des chrétiens, par la liberté religieuse qui doit immanquablement détruire cet empire. La poli-

(1) Paroles de Napoléon III.

tique veut conserver cette intégrité, et elle échoue; l'instinct chrétien de l'occident exige la liberté religieuse qui rend cette intégrité impossible, et c'est cet instinct irrésistible qui triomphera de la politique impuissante.

Le principe, l'origine et la fin de la guerre de Crimée, à Jérusalem comme à Constantinople, ont donc été une question religieuse. Je sais bien que cette guerre a été en même temps une lutte de prépondérance politique entre les Puissances occidentales et la Russie. Mais c'est précisément ce but politique qui n'a pas été atteint. La politique russe triomphe au Congrès de Paris, et la question d'Orient reste inachevée et sans solution; mais le but religieux est atteint: l'Islamisme succombe au seul contact du Christianisme et de la liberté religieuse. Il résiste encore, comme le gladiateur mourant qui défie son vainqueur, mais l'heure de ses funérailles est proche.

Ainsi remuez la question d'Orient et vous trouverez au fond la question religieuse: dans les Principautés pour l'Autriche, nous l'avons vu; à Jérusalem pour la France; à Constantinople pour toutes les puissances chrétiennes. C'est parceque l'intérêt religieux domine en Orient, que les trois puissances *Orientales* par excellence, celles qui sont appelées à y jouer le premier rôle, sont la France, l'Autriche et la Russie, qui y trouvent les populations arméniennes, catholiques et grecques à protéger et à défendre. Il n'y a pas de populations protestantes dans ces contrées du soleil; l'Angleterre et la Prusse n'auront qu'une mission sécondaire à y remplir.

C'est en Orient et dans la Méditerranée, comme l'a prédit Napoléon Ier, que les questions européennes doivent se résoudre.

Notre époque n'est pas sans analogie avec celles des

croisades. La Chrétienté était menacée par l'Islamisme à l'extérieur, et à l'intérieur par l'anarchie féodale. Les hordes musulmanes enveloppaient toute l'Europe, et, des rives de la Méditerranée, s'étaient avancées jusqu'aux Alpes. A l'intérieur, le Christianisme luttait avec énergie pour vaincre les éléments de désorganisation que la barbarie apportée par les invasions et la vieille corruption romaine, avait déposés au sein de la nouvelle société. Il ne fallait rien moins que la forte main de Grégoire VII et la grande parole de St-Bernard pour conjurer ces gigantesques périls.

L'on sait comment la Chrétienté dut son salut à la diversion puissante des croisades. Elles firent dissoudre en Asie l'orage qui menaçait l'Europe; les passions féodales, la corruption et la barbarie trouvèrent des issues en Orient; l'Europe assainie vit s'élever et grandir les trois choses qui la sauvèrent: les Communes, la Royauté et l'Eglise.

L'Europe n'a plus d'ennemis extérieurs à craindre, à moins que ce ne soit la Russie, si sa prépondérance en Orient prenait les proportions qu'elle ambitionne; mais elle a un ennemi intérieur plus redoutable que ne l'était la barbarie féodale, c'est la Révolution.

La société moderne est aux prises avec la Révolution. J'ai décrit cette lutte dans un écrit précédent; lutte entre les puissances pour s'affaiblir et se détruire; lutte entre les nations et dans les nations entre les partis et les diverses classes sociales; lutte des sectes chrétiennes alliées au rationalisme, contre l'Eglise universelle dans laquelle le christianisme complet s'incarne. Aux passions anti-sociales et anti-religieuses qui bouillonnent dans les entrailles de la société, aux ambitions et aux rancunes aveugles des puissances, à la démocratie radicale qui menace tous les gouvernements, à l'exubérance de la production industrielle, au trop plein des forces européennes, à cette vapeur condensée dans une chaudière prête à éclater, il faut des issues; l'issue, je l'ai dit déjà, c'est l'Orient.

Depuis un siècle, un mouvement irrésistible pousse l'Europe vers l'Asie, comme à un solennel rendez-vous. Voyez comme tout se prépare pour les événements qui s'y amassent. On dirait que toutes les nations européennes ont commencé le siége de l'Orient, et, par des travaux de circonvallation, se rapprochent d'heure en heure des murailles qu'elles veulent renverser.

La Russie, des bords de la Mer-Noire, de la Mer-Caspienne et du haut du Caucase, convoite Constantinople depuis près d'un siècle; on connaît toutes les étapes de sa politique, marquées par les dix traités qui séparent celui de Kainardji en 1774 du traité de Londres en 1840. Elle étreint de sa main puissante tout le nord de l'Asie, depuis la Perse jusqu'aux limites extrêmes de la Chine.

L'Autriche est sur le Danube et descend cette pente vers la Mer-Noire; elle a conquis la Transylvanie; elle a possédé la Servie, la Bosnie et les principautés danubiennes; elle espère les reprendre.

L'Angleterre a placé ses batteries avancées à Malte, à Corfou, à Aden et à Perim; elle vient de reconquérir les Indes et ses flottes sont à Canton.

La France que la révolution de 89 avait écartée de l'Orient, y revient peu à peu. Napoléon I a donné le baptême français à l'Egypte, qui s'est ébranlée en 1840 à la voix de la France. C'est une armée française qui a délivré la Grèce, poste avancé de l'Europe du côté de la Turquie. La restauration a fondé l'Algérie et le Gouvernement de Juillet a consolidé cette magnifique colonie, l'une des clefs de la Méditerranée, première étape de la France vers l'Egypte, champ de manœuvre pour ses armées et riche pépinière pour ses généraux. Le second empire a fait la guerre de Crimée, si glorieuse pour ses armes et si féconde pour son influence en Orient. C'est la France qui va percer l'isthme de Suez, pour surveiller la nouvelle route des Indes; ce sont ses flottes, à côté des vaisseaux anglais, qui tentent d'ouvrir à l'Europe le vaste monde fermé de l'extrême Asie; c'est à sa voix que l'Espagne vient de planter son drapeau, à côté du drapeau français, sur la rive africaine, et de prendre sa place sur le futur champ de bataille de l'Orient.

L'Orient est véritablement assiégé par l'Occident, et nous assistons à un spectacle qui rappelle celui des grandes invasions, quand les peuples vengeurs, convoqués par Dieu, accouraient, de tous les points de l'horizon, aux longues funérailles du monde romain.

Croyez-vous que ce grand mouvement de l'Occident vers l'Orient qui s'affaisse, a lieu uniquement pour étendre les frontières de la Russie, déjà beaucoup trop étendues pour ses forces; pour conserver dans l'Inde un débouché aux cadets de l'aristocratie anglaise, et ouvrir la Chine à l'opium britannique; pour servir les projets de l'Autriche et les convoitises de la France?

Non; il y a plus que cela : il y a l'Occident chrétien qui marche à la conquête de l'Orient musulman et idolâtre. Il y a plus qu'une œuvre politique, il y a une mission religieuse. Les gouvernements ne l'aperçoivent pas, les nations moins encore; mais une impulsion mystérieuse les entraîne: *digitus Dei.*

Mais pour accomplir cette œuvre, il faut que l'Europe

redevienne une et chrétienne. Si elle n'a plus de foi religieuse à propager, elle n'aura pas de mission religieuse à remplir. Pour porter aux peuples de l'Orient le feu évangélique, il faut le posséder et ne pas le laisser s'éteindre chez soi.

Que feront, je vous prie, les popes russes immobiles et ignorants, et que de Maistre nomme spirituellement *des tuyaux d'orgue;* que fera cette église phocéenne, sans sève, sans vie et sans indépendance, que fera-t-elle pour la propagation de l'évangile du Christ, parmi les populations pétrifiées de la Turquie, des Indes et de la Chine? Les morts ressuscitent-ils les morts?

L'Angleterre a-t-elle fait servir sa longue domination sur l'empire indien, au progrès du Christianisme? L'Inde est pour l'Angleterre un vaste comptoir commercial, une plantation de coton, une fabrique d'opium, un débouché de deux cents millions de consommateurs, une puissante ressource pour ses cadets de famille et ses officiers. Volià l'Inde anglaise. Le christianisme y est pour peu de chose et n'y a pas fait un seul pas depuis un siècle. La force politique et commerciale de l'Angleterre dans l'Inde a été grande; la propagande chrétienne dans ses mains a été nulle. Ses marchands ont réussi, ses porteurs de bibles ont échoué. Il a manqué à l'Inde les trois choses qui convertissent et ramènent: la parole brûlante des apôtres, la charité qui se dévoue et le sang des martyrs qui féconde le sol où il est versé.

La France n'a guère mieux compris les devoirs de sa vocation religieuse en Algérie, que ne l'ont compris la Russie et l'Angleterre, le Portugal, l'Espagne et les autres nations coloniales, dans les Amériques et en Orient. L'esprit militaire qui règne en Algérie, vaut mieux, à ce point de vue, que l'esprit commercial qui domine aux Indes, mais loin d'aider à féconder la liberté religieuse, on a opposé au zèle du clergé et des missionnaires français, aux œuvres de l'enseignement et de la charité, toute sorte de petits obstacles administratifs et politiques. Et cependant c'est à la France, nation de propagande et d'initiative, peuple qui se bat pour des idées, que reviendra le rôle civilisateur assigné à l'Europe par la Providence. Les Puissances peuvent manquer à leur devoir, à leur intérêt, à leur vocation; ce n'est pas la première fois que cela arriverait; mais ce que je sais bien, c'est que la Révolution, renfermée, condencée en Europe, se chargerait bientôt de l'expiation à infliger à une pareille faute.

Mais ce n'est pas des gouvernements seuls que je parle; c'est à l'Eglise surtout que je pense. L'Europe des politiques et des marchands croira trouver en Asie des colonies, des marchés et de l'influence; elle en aura, en réalité et sans le vouloir, ouvert les portes à l'Evangile.

L'Eglise n'est pas une nation isolée dans quelque coin du globe: elle est partout; elle demandera ses missionnaires, ses sœurs de charité, ses évêques et ses martyrs à toutes les nations et à toutes les langues, et elle en trouvera abondamment. Elle ira bâtir sur ce vieux sol asiatique et africain, des temples, des écoles et des asiles de charité, en face desquels l'Islamisme et les dieux tomberont.

Si l'Europe politique est malade, l'Eglise est vivante, et la Révolution qui le sait bien en rugit. Les sectes chrétiennes dissidentes se décomposent et meurent, en Angleterre, en Allemagne et partout, sous le souffle du rationalisme; elles rendent tous les jours à l'Eglise leurs savants, leurs docteurs, leurs beaux caractères, leurs âmes ardentes et sincères. Depuis bien des siècles jamais l'Eglise ne s'est sentie aussi unie et aussi forte, aussi préparée aux combats, aux épreuves ou au triomphe. Elle a usé Luther, elle a usé Voltaire et Gibbon; la philosophie, la science, la littérature et l'histoire lui reviennent. Un siècle qui a vu ramener des régions du doute et mourir catholiques, la prière sur les lèvres et le crucifix sur la poitrine, son plus grand poète, Chateaubriand, ses plus profonds penseurs, Maine de Byran et Royer Collard, des historiens comme Augustin Thierry, des écrivains comme Tocqueville, des soldats comme Bugeaud et des génies comme Napoléon, un tel siècle est bien près d'être un siècle de foi. Toutes les dissidences anciennes s'effacent: le Jansénisme n'a plus de disciples; Louis XIV ne trouverait plus un seul évêque pour signer la déclaration de 1682, ni Napoléon Ier un seul prélat pour assister à son concile de 1811. Jamais la Papauté, si faible politiquement, n'a été aussi puissante catholiquement, aussi aimée et obéie. Rarement l'Eglise a compté en France, en Angleterre, en Allemagne, partout dans les deux mondes, plus d'évêques illustres et vénérés, un clergé plus instruit et plus pieux, des ordres religieux plus nombreux pour l'apostolat, l'enseignement et la charité. Tous donnent aux chaires retentissantes des héritiers de la parole de Bourdaloue et de Bossuet, envoient leurs apôtres et leurs confesseurs aux paganismes qui survivent, et fondent des œuvres innombrables et fécondes pour toutes les ignorances et pour toutes les misères.

Encore une fois: *mens agitat molem;* aucune époque n'a été plus remplie que la nôtre de questions religieuses, d'espérances religieuses, comme aussi de passions anti-chrétiennes. Nous marchons vers les deux grandes unités : d'un côté l'unité catholique qui ralliera les sectes qui périssent, les éléments de foi, de conservation, d'ordre et de progrès que la société a conservés, et de l'autre l'unité rationaliste et révolutionnaire, l'unité de toutes les négations et toutes les révoltes amassées depuis plusieurs siècles dans le monde moderne. Nous touchons à un grand combat, à une grande épreuve, pour arriver à une grande victoire. Dans le choc entre les *deux cités* et les deux armées, toutes les défections libérales, toutes les complicités doctrinaires et toutes les trahisons des gouvernements seront écrasées. Les jours qui se lèvent sont remplis de menaces, mais je ne me laisse pas décourager par les symptômes alarmants que nous voyons; un instinct sûr, une vue claire font découvrir à l'horizon des cieux splendides, et je ne puis m'empêcher de m'écrier avec de Maistre : *quelle magnifique révolution!*

Le spectacle que la Papauté donne au monde est digne des regards attentifs de ce siècle si désaccoutumé de la grandeur morale. Nous allons voir la faiblesse humaine et politique, armée de la puissance invincible de la parole, aux prises avec la toute-puissance des Césars coalisés avec toutes les forces de la révolution: *astiterunt reges terræ, et principes convenerunt in unum, adversus Christum.*

Pie IX, ce saint vieillard du Vatican, cette figure angélique et sereine, ce pontife vénéré du monde catholique, ce roi qui peut rappeler aux Italiens les paroles de son divin Maître : *J'ai voulu vous réunir sous mes ailes et vous ne l'avez pas voulu;* ce Pape guelfe qui, en 1848, invite l'empereur d'Autriche à *reconnaître la nationalité italienne comme sœur de la nationalité allemande;* ce Pape acclamé et triomphant qui apporte la liberté, et que l'on récompense par l'assassinat de Rossi et l'exil de Gaëte; ce pape catholique qui refuse de bénir les armes des nations catholiques levées les unes contre les autres dans une guerre déplorable; ce roi faible et béni, ce prêtre humble et saint, ce Pontife et ce Pape, se trouve assailli à la même heure par toutes les haines irréligieuses et toutes les violences révolutionnaires, par les jalousies séculaires des schismes couronnés, par l'abandon des gouvernements catholiques qui avaient juré de le défendre et de le sauver!.... L'Autriche est impuissante, la France est hostile; la duchesse de Parme et le duc de Toscane trouveront peut-être des défenseurs dans un Congrès; le Pape n'en trouvera pas. Jamais on n'a vu une faiblesse humaine aussi grande, en face d'une force révolutionnaire et politique aussi formidable. C'est bien le moment, pour les ennemis de l'Eglise, de célébrer sa chute et de sonner ses funérailles.

Eh bien! Regardez attentivement ce qui va se passer. La voix des deux cents millions de catholiques, arrive à Rome, de tous les coins du monde, comme la voix des grandes eaux, avec leurs plaintes, leurs protestations, leurs espérances et leur dévouement. La foi de ceux qui prient est ferme, la crainte de ceux qui conspirent ou trahissent est grande, et l'on voit trembler déjà la main mal assurée de ceux qui frappent. L'histoire en effet nous apprend que le *non licet* de Grégoire VII, comme le *non possumus* de Pie VII, ont brisé le despotisme des Empereurs d'Allemagne et la souveraine puissance de Napoléon. Dix-huit siècles nous montrent ce petit rocher de St-Pierre, submergé par les flots de tant de révolutions et de déluges, reparaissant toujours après les orages qui l'ont respecté et qui ont emporté tout le reste. L'expérience confirme le mot du comte de Maistre qui, à la vue de Pie VII ramené de l'exil et officiant à St-Pierre, s'écriait : *ce que j'admire, c'est ce vieux pape qui revient toujours !*

« *Dans tous les temps, les puissances humaines ont regardé « de haut cette autorité pontificale extérieurement infirme.* « Mais voyez comme Dieu humilie les forts et exalte les « faibles.

« L'empire romain frappe du glaive ou jette dans l'am- « phithéâtre les pontifes suprêmes, comme les plus ob- « scurs chrétiens. Pendant trois siècles, trente papes meu- « rent martyrs. Mais l'Empire passe et la Papauté reste. « Les Empereurs devenus chrétiens jalousent la puissance « spirituelle ; craignant de n'être à Rome que la seconde « majesté, ils s'en vont à Constantinople, où ils tentent « de ressaisir les deux puissances ; mais ils s'affaiblissent « pendant que la Papauté grandit, et c'est elle qui pleurera « leur chute. Le moyen âge vient, âge singulier où malgré « tant d'éléments rebelles et barbares, l'Eglise sait cepen- « dant édifier de si grandes choses. Charlemagne reconsti- « tue l'empire d'Occident : il passe ; son œuvre se divise, « et la Papauté reste. Les Empereurs d'Allemagne la ser- « vent et la déservent. Ils passent, et la Papauté reste. A « l'entrée des temps modernes, Charles-Quint semble vou- « loir reprendre le rôle de Charlemagne, en le gâtant « quelquefois. Son empire passe, et la Papauté reste. Dans « les derniers temps, un autre César apparaît qui tient de « tous ses prédécesseurs, et de ceux qui honorent, et de « ceux qui insultent, et de ceux qui défendent l'Eglise, et « de ceux qui la combattent. Il traverse le monde comme

« un orage, atteint les trônes en passant, arrache le pape « à son siége, en lui disant que les excommunications d'un « vieillard ne feront pas tomber les armes des mains de « ses soldats; mais voilà que le souffle glacé d'en haut « raidit les mains des forts: ils laissent échapper leurs ar« mes, et Dieu ensevelit la nouvelle puissance dans un lin« ceul de neige. Elle veut se relever, mais en vain, et s'en » va mourir au milieu des flots, quand le vieillard du « Vatican a repris le chemin de Rome.

« Qu'y a-t-il donc dans cette faiblesse invincible? *Tu es « Pierre, et sur cette pierre je bâtirai, et ce que j'aurai élevé, « nul ne le renversera* (1).

C'est toujours ce Roi livré au baiser de la trahison, aux moqueries et aux soufflets des soldats du prétoire, avec sa couronne d'épines et son sceptre de roseau, abandonné par la lâcheté de Pilate à la foule asservie qui ne veut pas avoir d'autre roi que César; mais c'est en même temps ce divin martyr, qui du haut de son Calvaire *attire tout à lui*, et sort glorieux et vainqueur du sépulcre où les pouvoirs de la terre avaient cru l'enfermer et le garder.

Je ne sais si ceux qui me lisent éprouveront ce que je sens, en présence de ce duel engagé entre la force morale désarmée, n'ayant d'autre appui que les consciences, et la force politique et matérielle, à la tête de ses flottes, de ses armées et de ses pouvoirs. Dans nos temps de prostration et du culte de la force et des intérêts, où la liberté politique a presque partout succombé, où les classes moyennes vaincues et satisfaites acclament les dictatures, où les

(1) J'emprunte cette page au livre que le *R. P. Dechamps* va faire paraître, sous ce titre: *La question religieuse résolue par les faits*. Paris chez Lethielleux. — Tournay, chez Casterman.

caractères manquent, où les dévouements sont rares, les défaillances communes et les découragements universels, dans une telle époque, c'est une grande et magnifique chose que de voir un pauvre prêtre, se lever seul, Roi des âmes, pour protester et résister. Je n'ai plus à répondre à ceux qui, en proclamant la nécessité de la souveraineté temporelle du Pape, comme condition de son indépendance spirituelle, ruinent le principe même de cette souveraineté, en proclamant *l'incompatibilité absolue* entre le Pape et le souverain (1). Je n'ai plus à relever l'outrage de ceux qui demandent au Saint-Père la plus déplorable des abdications, l'*aveu de son indignité*, selon la belle expression du prince de Broglie. Je n'ai plus besoin de démontrer que la conclusion du dilemme posé entre une *garantie illusoire* offerte par la France et refusée par l'Angleterre, et une *concession impossible* à la conscience du Pape, que la conclusion logique de ce dilemme est la perte totale du pouvoir temporel que la révolution se chargera de consommer.

La question romaine est jugée; les raisons sérieuses ont été pesées, les objections réfutées, les hypocrisies déjouées, les voiles déchirés; le jour s'est fait pour les yeux qui volontairement ne se ferment pas. Si l'autorité de la doctrine, de la parole et de la science, doit triompher dans un débat, jamais triomphe n'a été plus éclatant que celui auquel nous assistons. Des évêques éminents comme Mgr Dupanloup, Mgr Gerbet, l'évêque d'Arras et l'évêque de Poitiers; des illustrations libérales comme MM. Villemain, de Sacy, Cousin et Thiers; des hommes politiques comme MM. de

(1) Le *Pape et le Congrès*.

Montalembert, de Falloux, de Corcelle et de Broglie; des écrivains comme MM. Veuillot, Nettement, Laurentie, Poujoulat et de Riancey; des diplomates comme lord Normanby, se sont faits les organes éloquents de tous ceux qui protestent dans le monde contre des projets déplorables et funestes. Tous élèvent la voix, au nom du droit public européen que l'on menace, des traités que l'on déchire, de l'équilibre général que l'on rompt, des droits inviolables que l'on méconnaît, du principe d'autorité que l'on sacrifie, de la sainteté des serments que l'on viole, et du sentiment religieux que l'on blesse.

Mais une voix plus solennelle encore s'est fait entendre et domine toutes les autres; c'est celle de Pie IX, calme pour lui-même, sans peur en face des épreuves, mais triste pour les âmes exposées, inquiet pour l'Europe et le Monde.

Dans son encyclique du 19 janvier, le Souverain Pontife, *ému de cette paternelle charité avec laquelle il doit veiller au salut éternel de tous,* rappelle à Napoléon III « que chacun « devra rendre un compte rigoureux devant le tribunal « du Christ, » comme Grégoire XVI, dans son entrevue célèbre avec le Czar Nicolas Ier, avait dit ces énergiques paroles qui troublèrent profondément l'empereur des Russies: « Votre Majesté et moi, nous paraîtrons tous les deux au « jugement de Dieu, c'est moi qui l'y attendrai. » Cela est beau et grand; c'est l'attitude de Saint Athanase et c'est la parole de St Hilaire.

Le devoir de Notre haute charge, dit le Pape à l'Empereur, *ne Nous a pas permis de garder le silence. Nous devons vous déclarer clairement et ouvertement, dans la liberté apostolique de Notre âme, que nous ne pouvons en aucune manière suivre votre conseil.* C'est bien le langage de St Hilaire à Constance: *Tempus est loquendi : quia præteriit tempus tacendi... Non minus periculi est, semper tacuisse, quàm numquam... Nunc mihi non alia ad dicendum causa, quàm Christi est : cui et hoc debui, quod usque nunc tacui; et ex reliquo me intelligo debere, ne taceam.*

Des hauteurs où le Pape élève la question romaine, on aperçoit à peine les objections, les subtilités et les prétextes si laborieusement propagés. « Ce n'est pas, a dit le prince « A. de Broglie, tel genre d'exercice ou telle partie du do- « maine du pouvoir temporel de la Papauté qui est en ques- « tion. C'est le pouvoir temporel tout entier, dans son « principe le plus général et dans la moindre de ses appli- « cations. Ainsi aggravé, le débat pourtant s'élève et s'é- « claircit. Tout ce qui avait pu troubler l'esprit ou arrêter « les efforts de quelques-uns, même parmi les catholiques ; « le scrupule de venir en aide à de regrettables abus, le « désir de hâter de souhaitables réformes, le souvenir des « extensions ou des réductions successives qu'a pu recevoir « l'Etat de l'Eglise; la crainte de confondre ce qui doit « durer avec ce qui passe et ce qui change, toutes ces con- « sidérations, concevables encore il y a peu de mois, se « dissipent aujourd'hui sous l'impérieuse et croissante « clarté des événements. C'est tout le pouvoir humain de « la Papauté; c'est cet édifice fondé par le temps, sorti sauf « de tant d'usurpations despotiques et de tant de révolutions « populaires, consacré par l'hommage de tous les génies « politiques de l'Europe, et à l'ombre duquel la conscience « de tant de millions d'âmes a vécu libre pendant dix siè- « cles : c'est là ce qui est atteint à la base et menace de « s'écrouler aujourd'hui. Il ne s'agit plus de savoir si le

« Chef de l'Eglise gouvernera de telle façon ou comman-
« dera à telles personnes; il s'agit de savoir s'il descen-
« dra du rang de souverain pour n'avoir plus à choisir
« qu'entre la condition de sujet et celle de proscrit. »

La lettre du Saint-Père à l'Empereur, si modérée, si ferme et si digne, et l'encyclique, qui restera l'une des plus belles pages de l'histoire de l'Eglise, résument, avec une admirable clarté, la *question romaine* qu'il vaudrait mieux appeler la *question catholique.*

Sait-on ce que le Pape défend en ce moment, en face de l'univers qui regarde et qui écoute? A-t-on suffisamment réfléchi aux grandes choses que sa parole sauve et garantit? Croit-on qu'il s'agisse seulement du sort réservé à quelque coin des Romagnes, de quelques lambeaux de terre à conserver. « Ce n'est pas, a dit le Saint Pontife, la perte de
« la domination temporelle, qui produit dans notre cœur
« la plus grande affliction ; ce qui nous afflige et nous
« épouvante, c'est *le pervertissement des idées.* » Il s'agit de savoir en effet :

Si le droit public, le droit des gens, sera maintenu ou détruit;

Si les Etats faibles, les Etats neutres, seront à la merci de la force et des convoitises ambitieuses des grands états ;

Si le système des nationalités séparées prévaudra, ou bien s'il succombera sous l'*unitarisme* révolutionnaire;

Si la sainteté des serments royaux sera observée ou violée;

Si le principe même de la souveraineté temporelle du Pape, sera respecté ou anéanti;

S'il y aura dans le monde une autorité spirituelle indépendante des pouvoirs humains, et formant la suprême garantie *de la distinction des deux puissances* et de la liberté de conscience.

Voilà *la cause de Dieu, de l'Eglise et de la Justice,* que le Pape tient en mains et qu'il sauvera. Il le fait en prenant à la fois l'attitude de père, de roi et de Souverain Pontife, chef des chrétiens.

Nous sommes ému d'une paternelle charité, dit le père; *nous ne pouvons abdiquer nos droits de souveraineté qui n'appartiennent pas à la dynastie de quelque famille, mais à tous les catholiques,* dit le roi; écoutons le pontife: *je vous parle ainsi,* dit-il, *en ma qualité de père, laquelle me donne le droit de dire la vérité toute nue à mes fils, quelque élevée que soit leur position dans le monde.*

Quand la tourmente actuelle sera passée et que le trouble des esprits que cette tourmente entraîne sera dissipé, le spectacle d'un Pape défendant seul le droit public européen et le principe monarchique déplorablement abandonnés par les puissances, ce spectacle apparaîtra dans toute sa grandeur.

La Révolution a choisi pour but de ses attaques audacieuses, la plus haute autorité de ce monde et en même temps la plus inattaquable des souverainetés. « Ce qui me « frappe en ce moment, a dit M. Villemain, c'est le point « de *droit humain,* qu'on peut ramener à cette seule et « simple interrogation, devant la conscience et l'histoire: « est-il en Europe une souveraineté qui repose sur une « base plus ancienne, plus irréprochable à l'origine que la « Papauté, et qui, soumise à plus d'épreuves, ait été plus « souvent acceptée ou souhaitée par le vœu populaire, et « enfin plus solennellement garantie par des traités qu'elle

« n'a pas violés, et que personne, humainement parlant, « n'a le droit de violer contre elle. »

La Papauté temporelle est revêtue d'une triple légitimité : la légitimité politique, la légitimité élective et la légitimité catholique.

La Papauté a créé l'Etat romain qui, sans elle, aurait péri dès les invasions et lorsque l'Empire se retira à Bysance. Elle l'a sauvé et maintenu à travers les temps. Sans les Papes, l'Etat romain aurait disparu avec les républiques italiennes du moyen-âge ; avec l'Italie presque entière, quand, au 18me siècle, celle-ci tomba sous les dominations des maisons de Savoie, de Bourbon et de Lorraine ; avec Gênes et Venise au 19me ; comme il disparaîtrait aujourd'hui, avec la Toscane, sous la domination piémontaise, si la résistance de Pie IX ne conjurait pas ce péril. Le Pape était à Rome souverain de fait, bien avant qu'il le fût de droit, par les donations de Pépin et de Charlemagne et la volonté de l'Europe. Aucune souveraineté n'a une origine aussi ancienne, aussi auguste, aussi à l'abri de toute conquête, de toute violence et de toute injustice. Il est donc bien vrai que *cette souveraineté n'appartient pas à une dynastie, mais à l'Univers catholique tout entier* (1).

Mais elle appartient à l'univers catholique à un autre titre encore ; elle lui appartient par l'élection. La Papauté est une souveraineté élue par la Catholicité entière, par tous les peuples catholiques qui, des divers points du monde chrétien, envoient leurs cardinaux au Conclave. Connaissez-vous ailleurs une souveraineté qui, à la légitimité politique, à l'antiquité, aux droits inviolables et traditionnels, joigne le droit de l'élection ?

(1) Encyclique du 19 janvier.

Mais si la souveraineté des Papes est supérieure à toutes les autres, par l'origine et l'élection, et je puis ajouter par les bienfaits qu'elle a répandus sur l'Europe civilisée par ses enseignements, elle leur est supérieure surtout par le caractère catholique qu'elle revêt et par le but universel pour lequel elle existe.

« Sans l'autorité du Souverain Pontife, a dit M. Thiers, « l'unité catholique se dissoudrait; sans cette unité, le « Catholicisme périrait au milieu des sectes; et le monde « moral, déjà si fortement ébranlé, serait bouleversé de « fond en comble. Mais l'unité catholique serait inaccep- « table, si le Pontife qui en est le dépositaire n'était com- « plétement indépendant; si au milieu du territoire que « les siècles lui ont assigné, que toutes les nations lui ont « maintenu, un autre souverain, prince ou peuple, s'élevait « pour lui dicter des lois. *Pour le Pontificat, il n'y a d'indé- « pendance que la Souveraineté même.* »

La Révolution a très-bien vu qu'en attaquant les *droits inviolables* de la Papauté, qu'en ébranlant ou en ruinant cette autorité revêtue de la triple légitimité dont j'ai parlé, c'était l'autorité dans sa plus haute source qu'elle attaquait, le principe de toute souveraineté sur la terre qu'elle ébranlait et qu'elle ruinait. Le Souverain Pontife a donc eu bien raison de dire que c'était *la cause juste et les droits de tous les princes de l'univers chrétien* que par sa résistance, il *défendait* et il *garantissait* (1). L'aveuglement des Puissances, complices de la Révolution qui les menace, adversaires de la Papauté qui les sauve, est l'un des symptômes qui doit le plus jeter d'alarmes sur l'avenir.

(1) Encyclique.

Le Pape défend donc le droit public européen, la force des traités et le principe des souverainetés dans le monde. Il soutient en même temps le principe des nationalités et les droits des états faibles.

On a beaucoup parlé du principe des nationalités en ces derniers temps ; c'est au nom de ce principe que la guerre d'Italie a commencé ; et l'on ne voit pas que c'est ce principe qui est aujourd'hui le plus compromis !

La Révolution tente d'obtenir deux choses, à l'aide du principe des nationalités qu'elle arbore, mais qu'elle se promet de détruire : elle veut dissoudre les grandes monarchies historiques, en détachant de ces monarchies les diverses aggrégations nationales qui les ont formées ; elle cherche à enlever la Hongrie à l'Autriche, les provinces rhénanes à la Prusse, la Pologne à la Russie.

En même temps, la révolution se promet d'ensevelir toutes les petites nationalités dans les grandes unités révolutionnaires et républicaines : unité allemande, unité italienne, unité slave et unité latine. C'est le rêve de Mazzini et de la Révolution, et, chose étonnante, c'est aussi le rêve des despotismes. C'était le rêve de Napoléon Ier qui voulait substituer à l'Europe de l'histoire, les grandes unités de races et de langues, ce quil appelait *la confédération des grands peuples ;* c'est le rêve panslaviste des Czars ; c'est le rêve de la France, ambitionnant la conquête de ce qu'elle appelle *ses frontières naturelles* et le rôle de dominatrice de toute la race latine ; c'est le rêve de l'*hégémonie allemande* que poursuit en ce moment la Prusse. Il n'est pas difficile de comprendre et de voir que la Révolution travaille bien moins pour les despotismes, que les despotismes ne travaillent pour la Révolution.

Il est certain qu'un grand mouvement se fait en Europe pour anéantir les petites nationalités historiques, les états secondaires, toutes ces puissances neutres qui étaient des barrières opposées aux ambitions des grands états, et des garanties pour l'équilibre européen menacé par ces ambitions.

Nulle part le principe de ces petites nationalités n'est plus enraciné qu'en Italie, où les souvenirs guelfes bénis par les Papes et les traditions des anciennes républiques vivent encore avec tant de force, à Rome comme à Naples, à Florence comme à Venise, à Milan comme à Turin. Aujourd'hui, l'idée d'annexion semble triompher, d'abord parce que les sociétés secrètes y travaillent, puis parce que les peuples de l'Italie centrale se réfugient sous le drapeau piémontais, par opposition à l'Autriche dont ils craignent le retour. Mais que demain la question italienne soit résolue d'une manière ou d'une autre, et il n'est pas besoin d'être prophète pour prédire que peu de temps après, les nationalités se réveilleront, les vieilles jalousies renaîtront plus ardentes, et l'anarchie dissoudra ce royaume piémontais dont Mazzini sera l'héritier.

Pie IX, par sa ferme résistance, défend donc non-seulement le droit public européen méconnu, mais le principe vrai des nationalités en Italie, sur les Alpes, sur l'Escaut et sur le Rhin, principe attaqué à la fois par les despotismes et la Révolution.

Il défend autre chose encore, un principe plus élevé, plus sacré que celui du droit public et celui des nationalités, il défend le principe même de toute liberté qui a sa racine la plus profonde dans la liberté de conscience.

La liberté de conscience, sait-on à quelle condition fondamentale elle tient? Il faut, pour que les âmes soient libres, que le pouvoir politique et l'autorité religieuse ne soient pas confondus; il faut que l'autorité religieuse, à laquelle les consciences veulent *librement obéir,* soit indépendante des gouvernements temporels, comme ceux-ci doivent être indépendants des sociétés religieuses; il faut que l'Eglise *universelle, ne soit contenue dans les bornes d'aucun empire, mais puisse s'étendre jusqu'aux extrémités de la terre.*

La confusion des deux puissances est l'erreur sociale du paganisme; partout où cette confusion existe, la liberté de conscience disparaît nécessairement, et l'idée religieuse est asservie; cette idée n'est plus divine mais humaine, elle est bornée à des frontières et ne peut plus aspirer à l'universalité qui est son essence. La religion dans les mains de l'Etat, c'est le pire de tous les despotismes, celui des âmes, il précède toujours tous les autres.

La *distinction des deux puissances* est le principe social du Christianisme. *C'est à ce principe,* a dit M. Guizot, *que l'on doit la liberté dans le monde moderne.* « Otez cet ap-
« pui aux droits de la conscience, et bientôt la liberté de
« conscience ne sera plus qu'un vain nom (1). »

Si cela est vrai, et qui le contestera? s'il est évident qu'entre l'autorité religieuse qui parle au nom de Dieu, et la conscience qui librement veut écouter, aucune main humaine ne peut injustement s'interposer; s'il est manifeste que l'Eglise, pour être libre, doit être indépendante du pouvoir civil et politique *dans chaque Etat;* n'est-il pas plus manifeste encore que le Pontife de cette Eglise doit

(1) *Le Christ et les Antechrists,* par le R. P. Dechamps.

être complétement indépendant *de tous les Etats*, et que *pour le Pontificat, il n'y a d'indépendance que la souveraineté* (1) ?

« Il faut, c'est un mot, je crois, de M. Thiers, il faut « que le pouvoir spirituel et le pouvoir temporel soient « unis à Rome, pour qu'ils puissent être distincts ou « séparés dans le reste du monde. » Cela est profondément vrai. Le Pape asservi, dans Rome, à un autre souverain, prince ou peuple, c'est l'Eglise sujette partout; c'est la base de toute autorité religieuse renversée; c'est la société spirituelle de toute langue et de toute nation, que l'on détruit. Or, comprend-on bien ce que l'on détruirait ainsi? On aurait « bouleversé de fond en comble « *le monde moral,* déjà si fortement ébranlé; » on aurait déraciné le principe de la liberté religieuse et de la liberté de conscience; on aurait enlevé à la civilisation moderne cette force morale qui forme le seul contrepoids aux pouvoirs humains et absolus.

Les deux pouvoirs absolus par essence, le Despotisme et la Révolution, le savent bien. C'est à l'Eglise que la Révolution s'attaque avec le plus d'acharnement et de persistance; c'est le Catholicisme, c'est Rome qu'elle veut avant tout abattre; c'est à l'Eglise universelle qu'elle veut substituer l'Eglise universelle du rationalisme. Elle comprend à merveille qu'une fois cette citadelle prise, la place, c'est-à-dire les gouvernements, ne pourra plus être longtemps défendue. Les gouvernements absolus se trouvent ici encore en connivence coupable avec la Révolution. *Elle me laisse les corps et elle garde les âmes,* s'est

(1) Mr Thiers.

écrié Napoléon Ier, en parlant de l'Eglise. C'est le mot de tous les despotismes, qui prétendent garder les corps et les âmes, ne veulent pas qu'il y ait pour le peuple d'*autre roi que César*, et qui conseillent ainsi au peuple privé de tout appui moral, fatigué de ces abaissements, avili par cette servitude, de ne reconnaître plus d'autre roi que soi-même et d'autre pouvoir que le sien.

APPENDICE.

LES RÉFORMES.

On a beaucoup parlé des réformes à introduire dans les Etats-Pontificaux. Je n'ai pas cru devoir étudier cette question, soulevée par ceux qui avaient besoin de calomnier la papauté temporelle, avant de la menacer et de la frapper. Qu'il y ait d'utiles réformes à adopter à Rome comme ailleurs, ce n'est pas à coup sûr Pie IX qui le conteste. Il est arrivé au Pontificat les mains pleines de bienfaits que son peuple a été incapable de supporter; il a exécuté les parties essentielles de son programme de 1849; il veut confier à l'expérience et au temps le soin de réaliser le reste, librement et sans être humilié. Pie IX restera un Pape réformateur.

M. de Corcelle a publié sur cette question, dans le *Correspondant,* un travail consciencieux et complet, dicté par une calme impartialité et par une connaissance entière des faits ; c'est un admirable commentaire du rapport si connu de M. de Reyneval et que les adversaires du Saint-Siége ont soin de passer sous silence, avec une mauvaise foi bien digne de la cause qu'ils défendent.

M. de Corcelle, après avoir examiné, un à un, tous les griefs soulevés, arrive à cette conclusion: « J'établirai, dit-il, que « Pie IX a plus accordé, dans ses institutions, que les grandes « puissances n'ont demandé aux Souverains Pontifes, en 1831, « en 1847 et 1849. »

Je renvoie donc le lecteur, à propos de la question des réformes romaines, au travail remarquable de M. de Corcelle qui répond à tout. J'ajouterai une seule chose, c'est qu'il est pour le moins étrange de voir le gouvernement impérial qui a cru devoir supprimer en France le régime parlementaire, et restreindre la liberté de la presse comme celle de la tribune, dans les limites actuelles; de voir l'Angleterre qui a conservé dans son code le droit d'aînesse, les priviléges aristocratiques et tout ce que la France de 89 a abolis comme abus d'un autre âge, de voir, dis-je, ces deux gouvernements conseiller au Saint-Père, l'un la liberté politique, l'autre l'adoption du code civil de Napoléon, et se plaindre, devant l'Europe, des retards apportés par le Pape à la réalisation de ces réformes!

Le côté faible de l'Etat-Romain, c'est l'armée. Le Saint-Siége, pouvoir essentiellement paternel et municipal, a vécu de longs siècles, sans avoir besoin de la force de centralisation que la situation de l'Europe, depuis 89, a puissamment favorisée, sans avoir besoin d'une armée que la protection des puissances catholiques et surtout l'état des esprits rendaient inutile. Mais la Révolution a changé tout cela. Elle a élu domicile dans les Romagnes; elle y a établi le centre des sociétés secrètes, et c'est à Rome qu'a trôné Mazzini, en 1848, précisément parce que le Saint-Siége est un gouvernement paternel et peu organisé au point de vue de la défense militaire.

La première, la plus urgente des réformes, est donc l'organisation de l'armée dans l'Etat-Romain. C'est aussi la plus difficile. L'occupation de Bologne par l'armée autrichienne a cessé; l'occupation de Rome par l'armée française ne peut toujours durer. Cette occupation alternative, tantôt de l'Autriche, tantôt de lá France, enlèverait à la longue à la Papauté, ce caractère d'indépendance qu'avant tout elle doit conserver.

Livrer le Pape sans défense aux coups de laRévolution, serait un crime politique sans précédent et une lâcheté sans excuse. La Révolution, nous l'avons vu, a fait de Rome le but suprême de ses attaques, parce qu'elle sait que c'est là que réside la plus haute autorité de ce monde, revêtue de cette triple légitimité politique, élective et catholique dont nous avons parlé; parce qu'elle comprend que cette citadelle une fois prise, la place ne peut manquer de tomber entre ses mains. L'Europe entière a donc intérêt à défendre Rome.

Comment Rome peut-elle être défendue? Une armée italienne, composée de volontaires, exposée aux suggestions des sociétés secrètes, aux intrigues du Piémont et des lords Minto, est-elle une garantie suffisante ? Personne ne le pensera.

Rome d'ailleurs appartient à la Catholicité, avant d'appartenir au peuple romain; c'est une création catholique, avant d'être une création nationale. C'est donc au monde catholique, pour lequel la Papauté temporelle existe, à garder et à défendre le Saint-Siége.

Comment réaliser cette idée? On y a beaucoup pensé ; on a cru que les puissances catholiques pourraient former de concert une armée pontificale. Mais il suffit d'y réfléchir un instant, pour comprendre l'impossibilité de composer une armée multicolore, de régiments français, autrichiens, espagnols et italiens juxtaposés, régiments appartenant à des nations qui peuvent chaque jour se trouver en guerre entre elles.

Comment donc former une armée catholique et pontificale, qui ne soit ni une armée de volontaires italiens, ni celle d'une seule grande puissance, ni une force organisée par les différents gouvernements catholiques?

Le prince de Metternich, quand il habitait Bruxelles, après

1848, revenait souvent sur cette question, dans les fréquents et précieux entretiens que j'ai eus avec lui. Il y revenait avec une insistance qui m'étonnait; car à cette époque, les difficultés des affaires romaines, n'apparaissaient pas dans tout leur jour, comme elles éclatent aujourd'hui.

« J'y ai beaucoup pensé, me disait le Prince ; j'en ai entre-
« tenu bien des fois Grégoire XVI. Une seule solution, selon
« moi, existe : on veut séculariser l'administration romaine, et
« l'on exagère beaucoup cette idée de sécularisation dans un
« intérêt révolutionnaire ; moi, je veux *cléricaliser l'armée.* Voici
« ma pensée. L'armée pontificale doit être une armée catholique;
« les nations catholiques doivent contribuer à la former ; c'est
« le budjet des peuples catholiques qui doit la solder. Com-
« ment arriver-là? D'avance l'Église y a pourvu : *il faut réorgani-*
« *ser l'ordre religieux et militaire de saint-Jean-de-Jérusalem.*
« Le lien religieux seul pourra servir à unir les soldats ca-
« tholiques de toute nation. Il y a beaucoup de dévouement
« catholique dans le monde. Voyez la rapidité avec laquelle
« se multiplient aujourd'hui les ordres religieux, et ces œu-
« vres laïques qui, comme la société de Saint Vincent de Paul,
« embrassent tous les peuples du globe. Si le Pape faisait
« un appel à la jeunesse religieuse de tous les pays ; s'il la
« réunissait sous la bannière de l'ordre de Malte que tiendrait
« levée une grande illustration militaire, je ne doute pas que
« cet appel ne fût admirablement entendu. Cette armée serait
« unie par le dévouement religieux ; ce serait la plus belle du
« monde, et elle ne coûterait rien au Saint-Siége, puisque les
« dots des chevaliers, les revenus de l'ordre et les donations du
« monde catholique, pourvoiraient à la composition et à l'entre-
« tien de cette armée. »

Le prince de Metternich entrait alors dans de longs détails sur les riches débris qui restent de cet ordre, sur les biens assez considérables qu'il possède encore en Autriche, en Italie et ailleurs, sur les noms illustres en France, en Espagne, en Italie et en Autriche qui appartiennent aujourd'hui encore à cet ordre célèbre, comme chevaliers, vénérables du conseil, grand-baillis, grand-prieurs et grand-maître. L'ordre est encore debout, avec ses cadres. Il faut le réformer, l'approprier aux besoins nouveaux et aux destinations nouvelles que les temps modernes signalent.

Pie IX s'en est occupé avec une grande sollicitude. Le signal de la réforme, parti de France en 1852, a été donné par le Pape, le 3 juillet 1858, *urbi et orbi*. Seulement le Saint-Père songeait alors surtout à la restauration de l'ordre, à Jérusalem. Je crois que le but doit être plus général. L'ordre réformé devrait tendre à faire refleurir en Orient, vers lequel l'Europe se porte, ses prieurés, ses commanderies, ses hôpitaux, ses écoles, ses chantiers, ses fermes et ses arsenaux. Il devrait, avant tout, servir à former cette armée catholique autour du trône menacé du Saint-Siége. Si Dieu n'avait pas des desseins sur cet ordre qui a sauvé l'Europe à Lépante, pourquoi en favoriserait-il le réveil ? En Italie, l'illustre cardinal Ferretti a accepté le grand prieuré de Rome, après qu'un autre membre de la famille de Sa Sainteté a été pourvu d'un siége dans le vénérable conseil. En Autriche, l'archiduc Maximilien vient de ceindre l'épée de grand-bailli. En Espagne, les chefs de la maison royale ont solennellement déposé la grand-croix de l'ordre sur le berceau du prince des Asturies. En France, les familles les plus illustres de la Provence, de l'Auvergne, du Berry et du Poitou, comptent leurs enfants parmi les membres de l'ordre. Un mot solennel tombé du Vatican pourrait redonner la vie à cette puissante organisation.

Cette pensée a été l'une des dernières du prince de Metternich. Dix jours avant sa mort, il m'envoya, de Vienne, une brochure qui venait de paraître sur cette question à la solution de laquelle il attachait une importance de premier ordre. C'est sous le patronage de sa mémoire, que je livre cette idée à la publicité, sans y donner d'autres développements.

Un opuscule de M. le marquis de Montigny a paru récemment à Paris (1). On y trouve, sur la réorganisation de l'ordre de Malte, des vues excellentes et de précieux renseignements.

(1) Paris, chez Ch. Douniol; Bruxelles, chez Goemaere.

FIN.

TABLE.

—

www.ingramcontent.com/pod-product-compliance
Ingram Content Group UK Ltd.
Pitfield, Milton Keynes, MK11 3LW, UK
UKHW012048240726
13965UKWH00003B/1141

9 782012 988552